LENOS POCKET 106

www.lenos.ch

Ibrahim al-Koni

Meine Wüste

Erzählungen aus der Sahara

Herausgegeben und aus dem Arabischen übersetzt
von Hartmut Fähndrich

Lenos Verlag

Arabische Literatur im Lenos Verlag
Herausgegeben von Hartmut Fähndrich

Der Übersetzer
Hartmut Fähndrich, geboren 1944 in Tübingen. Studierte Vergleichende Literaturwissenschaft und Islamwissenschaft in Deutschland und in den Vereinigten Staaten. Seit 1972 in der Schweiz, seit 1978 Lehrbeauftragter für Arabisch an der ETH Zürich. Für Presse und Rundfunk tätig.

Die Übersetzung aus dem Arabischen wurde unterstützt durch die Gesellschaft zur Förderung der Literatur aus Afrika, Asien und Lateinamerika e.V. in Zusammenarbeit mit der Schweizer Kulturstiftung Pro Helvetia.

Deutsche Erstausgabe

LENOS POCKET 106

Erste Auflage 2007

Satz und Gestaltung: Lenos Verlag, Basel
Umschlag: Anne Hoffmann Graphic Design, Basel
Foto: Markus Kirchgessner
Printed in Germany

ISBN 978 3 85787 706 3

Inhalt

Meine Wüste als Heimat und Metapher

1

Am Anfang war die Wüste wie alles andere Land. Sie war ein Garten wie jeder Ort auf Erden, ein Garten, der sich eigentlich nicht von jenem Nachbargarten unterschied, den die Menschen »das Paradies« nennen. Nun beschloss Gott, sich selbst jenes Land zur Heimat zu machen, das neben demjenigen seines Lieblingsgeschöpfs lag. Lange Zeit liess Er die Sonne wirken und lange Zeit gab Er dem Kibli, dem Wind aus dem Süden, freie Hand über das Terrain. Die Bäume verschwanden, die Pflanzen gingen ein. Die Quellen versiegten, die Erde wurde wüst und leer. Es entstand ein ungeheurer Raum, der Ihm Körper wurde. Darüber wehte ein Wind, der Sein Hauch wurde. Und jedes Summen, das schmerzhaft das Schweigen durchbrach, wurde darin zur Pein. Alles versank in der ungeheuren Stille, und Ihm wurde diese Stille Geste, Sprache, Gesang.

Aber Gott blieb nicht lange in seiner einsamen Wüste, denn Sein Lieblingsgeschöpf nebenan rebellierte alsbald und folgte dem alt bösen Feind. Es verdiente die angedrohte Strafe. Und so sprach Gott: »Siehe, der Mensch wird niemals den Durst ertragen. Ich allein, Gott, kenne den Durst nicht, denn Ich habe ihn geschaffen. Also hinaus in die Wüste mit dem Elenden, dort lerne er den Durst kennen!« Er sprach auch: »Siehe, der Mensch wird niemals die sengende Hitze des Südwindes ertragen. Ich allein, Gott, bin es, der ihn geschaffen hat. Also hinaus in die Wüste mit dem Elenden, dort lerne er den Südwind kennen!« Er sprach auch: »Siehe, der ängstliche Mensch, der das Alleinsein fürchtet – weswegen ich ihm aus seiner Rippe eine Menschin geschaffen habe –, wird sich in der Wüste einsam fühlen. Ich aber, Gott, bin einer, allein und einzig, habe nicht gezeugt und bin nicht geboren. Also hinaus in die Wüste mit dem Elenden, dort erkenne er die Einsamkeit!«

Gott sandte den Menschen hinaus in die Wüste, damit er zur Erkenntnis gelange. Hat Er ihm nun Seine Heimat überlassen, weil er ihn liebte und ihm entgegenkommen wollte? Oder hat Er ihn in die grausamen Gefilde geschickt, weil er ihm zürnte und ihn verstossen wollte? Hat er ihm einen Gesandten geschickt, damit er geprüft werde, Schmerzen erleide und Erfahrung gewinne, damit er ihm einst, am Ende der Zeit, die Nachricht bringe, wenn der elende Mensch ins benachbarte Land zurückkehrt, in die geheimnisvolle Heimat? Verwandelt sich die strenge, ewige Leere in ein Exil, nachdem sie geweihter Boden gewesen war?

2

Als der Pharao verstockt den Fremden die Erlaubnis verweigerte, ins Gelobte Land zu ziehen, als er so Gott erzürnte, drohte dieser ihm und sprach: »Lass mein Volk ziehen, dass es mir diene in der Wüste!« Jawohl, in der Wüste! Gott wollte, dass der Pharao Sein auserwähltes Volk ziehen lasse, damit es dem Lande Ägypten den Rücken kehre, dem Land der Götter, der Götzen und der Unreinheit, und ihm diene auf geweihtem Boden, in Seiner Heimat, in der Wüste. Denn der geweihte Boden, die Heimat Gottes, die Wüste, ist der einzige Ort, wo nicht der Bruder den Bruder unterjocht, wie im Lande des Pharao, wo nicht der Bruder die

Schwester zur Frau nimmt, wie im Lande des Pharao, wo nicht der Sohn sich wider den Vater empört, wie im Lande des Pharao, wo nicht das Kind die Hand wider die Mutter erhebt, wie im Lande des Pharao. In der Wüste herrscht ein anderes Gesetz, eines, das das Gesetz im Lande Ägypten missbilligt, eines, das einsteht für ein neues Recht, in dem sich kein Mensch vor einem Götzen oder einem hochmütigen Geschöpf niederwirft, kein Bruder den Bruder unterjocht, kein Bruder der Schwester beiwohnt, nicht wider den Vater sich der Sohn empört und nicht wider die Mutter sich die Hand des Kindes erhebt. Es ist das Recht der Wüste, das Recht der ursprünglichen Heimat, das Recht des Gottes der ursprünglichen Heimat. Ist es also nicht rechtens zu sagen, die Wüste sei der geweihte Boden Gottes? Ist es nicht rechtens zu sagen, die Wüste sei das Land der Verheissung?

3

Das Los derer, die Ismail folgten, unterschied sich nicht vom Los derer, die Isaak folgten.

In beiden Fällen hat der Weg der Erkenntnis mit dem Auszug begonnen. Der unerforschliche Gott nun, der des elenden Geschöpfes Entscheidung missbilligt, seine Annehmlichkeit um der Wahl, um der Freiheit willen zu opfern, weiss, dass diese Freiheit sich überhaupt erst dadurch vollendet, dass sie durch die Hölle der Erkenntnis geht. Die Erkenntnis ist eine wertvolle und grausame Erfahrung, die nur durch das Betreten des geweihten Bodens zu machen ist, nur durch die Durchquerung der Wüste. Deshalb gab der unerforschliche Gott seiner Magd Sarah die Eifersucht ein und liess sie ihre Nebenfrau Hagar verjagen, mit der

Abraham/Ibrahîm hinauszog. Ebenso war es Moses bestimmt, mit den Kindern Isaaks in die Wüste Sinai zu ziehen, wo er sich in einem kargen Tal niederliess. Und auf Seinem geweihten Boden hat der unerforschliche Gott die andere Magd, Hagar, nicht verlassen, sondern – unter den Füssen des Neugeborenen Ismail – der Quelle Semsem hervorzusprudeln erlaubt, und Er schickte Hagar von Seinen Dienern Engel, gekleidet in Nomadengewänder, die ihr Obdach und Speise boten und ihr zu Diensten waren.

An diesem Ort entstand »das Haus«, wurde die Kaaba erstellt und der heilige Bezirk eingerichtet. Die Oase wuchs. Die Menschen strömten heran und verwandelten den leeren Flecken Erde in eine heilige Pilgerstätte, in ein Gelobtes Land, ein Land, dem bestimmt war, weit voranzuschreiten auf dem Wege der Erkenntnis. Denn die Wüste, welche das Haus Ibrahîms, die heilige Kaaba, umgibt, pflanzte Funken der Suche in das Herz jenes Hirten Muhammad und trieb ihn, sich zwanzig Jahre lang immer wieder in die Höhle zurückzuziehen, und von dort eine neue prophetische Botschaft mitzubringen, die die Menschen auf dem langen Wege der Erkenntnis ein grosses Stück weiterführt.

4

Was der unerforschliche Gott mit dem Pharao machte, geschah nicht bloss, damit Ihm Sein Volk diene. Er warf sein auserwähltes Volk nicht nur in die »Geburtsstätte himmlischer Gesichte« (Robert Musil), damit es zur Erkenntnis gelange, er trieb seine mitleidheischende Herde auch auf den geweihten Boden, weil die Wüste der einzige Ort ist, der den Verstand bändigen, die Triebseele unterdrücken und die Tyrannei des Begehrens zügeln kann, des Wunsches nach Freiheit, nach Leben. Vielleicht würde ja die weite Wüste das Wunder vollbringen und die Begierde des Elenden stillen, der den Gehorsam durch das Elend des Verstandes, die Glückseligkeit des Paradieses durch die Hölle der Erkenntnis ersetzt hatte.

Doch der Wunsch nach Freiheit war stärker als die Macht des geweihten Bodens, der Drang, eigene Entscheidungen zu treffen, ausgeprägter als die Wirkung der Wüste, die Sehnsucht, zu sein wie Gott, mächtiger als die Vorsorge des Schöpfers. Die Gnade des Verstandes ist edler und grösser als die Glückseligkeit des Paradieses. Ja, die Erde erbebte missbilligend, die Berge wankten bestürzt, und die Kreaturen verkrochen sich beschämt, als sie wahrnahmen, was der Mensch meinte: »Lass mich auf meinem Wege weitergehen, o Gott, wenn Du Deine Gnade an mir vollenden willst. Überlass mich meinem selbstgewählten Elend, denn als Du, Gott, mir den Verstand schenktest, wurde ich nicht nur ein Teil von Dir, ich wurde Du, Du wurdest ich. Gepriesen seist Du, o Gott, nicht weil Du mich aus Lehm erschaffen hast – Du hast noch viele andere Wesen geschaffen –, auch nicht, weil Du mir Deine Heimat, den Ort Deines himmlischen Gesichts, überlassen hast, auch nicht, weil Du mich nach Deinem Bilde geschaffen hast, nein, ich preise Dich, weil Du mir den Verstand gegeben hast, der mich zu Dir emporhebt. Er wurde mir zum Paradies – durch ihn will ich, durch ihn erfahre ich, durch ihn erkenne ich, durch ihn lebe ich.« Dieser kleine Vorgang kehrte alles um. Die elende Kreatur wurde ein weiteres Mal hochmütig. Der Vergängliche übertrat ein weiteres Mal das Gebot. Der Mensch missachtete das göttliche Recht, widersetzte sich den Verordnungen und hortete Schätze, wie es die Bewohner der Städte im Land der Unreinheit tun. Er sammelte Nahrung für den anderen Morgen, in die sich die Würmer der Verderbnis und der Vergeltung einschlichen. Er wartete, bis Moses auf dem Berg verschwand, und baute aus dem Unglücksmetall ein Kalb, es anzubeten, statt Gott, dem Herrn, zu dienen, der ihn aus Lehm geschaffen und ihm das Paradies des Verstandes verliehen hatte. Er beging eine weitere Sünde, indem er glaubte, Freiheit sei nicht, einem Gott, der ihn geschaffen hat, zu dienen, sondern sich gegen diesen Gott zu erheben und selbst zu sein wie Er.

5

Doch auch dieses Mal kam die Strafe herab.

Auch dieses Mal fand der Herr nichts als den geweihten Boden, nichts als die Wüste, um die Strafe zu vollziehen. Damit sie grausam sei, fügte er der Wüste die »Verwüstung« hinzu. Er dehnte sie aus in alle Richtungen und pflanzte ihr bis anhin unbekannte Eigenschaften ein. Sie dehne sich aus, werde endlos, hiess es, wenn sie einen bestrafen will. Und die Wüste Sinai wurde endlos vor dem Volk. Sie liess das Gelobte Land in immer weitere Ferne rücken. Die Weisen unter den Söhnen Isaaks begriffen die Wahrheit und klagten, aber sie verbargen sie vor dem Volk. Sie beschlossen, den Fluch zu lindern, und erzählten dem Volk, es sei des Herrn Ratschluss, sie sterben zu lassen, bevor sie ins Gelobte Land gelangt seien. »Denn ihr habt Ihn erzürnt, da ihr einem anderen Herrn als Ihm dientet.« Auch der Hirte kam vom Berge, um der Herde des Herrn die Prophezeiung zu bestätigen. Doch er fügte die Verheissung für künftige Geschlechter hinzu. Das Volk werde das Gelobte Land nach dem Tod des Volkes betreten. Das war natürlich nichts anderes als der Trost eines Hirten, der nicht grausam gegen seine Herde sein wollte, denn der unerforschliche Gott hatte beschlossen, den Eintritt ins Gelobte Land auf immer zu versperren; er liess es verschwinden. Und seit jenem Tag gab es für die Menschengeschlechter keinen Weg mehr zu seinen Toren.

Die Wüste verschluckte ihr Land. Sie holte das Gelobte Land zurück, und es begann der Irrweg. Lange musste der Mensch dem Irrweg folgen, um am Ende zu entdecken, dass das Exil die erste Voraussetzung der Erkenntnis ist.

6

Der Mensch trieb auf der Suche nach dem Leben hinter dem Verstand her, und er verlor seine Heimat. Er liess ein Land verschwinden, von dem er nicht begriff, dass es mit dem Verstand nicht greifbar ist. Die Wüste übernahm. Sie wandte ihre alten Kniffe an: Sie dehnte sich hierhin aus, entfernte sich dorthin und wurde endlos. Der Traum zerstob, die Erde floh von der Erde, und die Prophezeiung erfüllte sich: Die Wüste dehnte sich aus und erweiterte sich, und wehe dem, der versucht, sich die Wüste untertan zu machen (Nietzsche).

Der Elende war hochmütig geworden und wollte mit seinem gemeinen Verstand Gott gleich werden. Da gab Gott ihn auf und überliess ihm die Verantwortung für seine Entscheidungen. Er nahm ihm die paradiesische Unschuld und überliess ihm die Bürde der Freiheit. Wurde der Mensch nun glücklich mit seinem neuen Elend? Wurde er glücklich mit seinem Exil?

7

Hochmütig sagte der Mensch, der Uranfang sei durch das Zusammentreffen der Gegensätze (Empedokles) erfolgt. Warum sollte dann das Exil nicht das Gelobte Land hervorbringen? Warum sollte nicht der Irrweg sein Gegenstück, das Paradies, entstehen lassen?

Wenn wir akzeptieren, dass nur dasjenige, was nie existent wurde, ewig ist und für immer sein wird (Schiller), wie sollte da nicht das kahle Nichtsein zu einem Garten der Welten werden? Wenn wir akzeptieren, dass das Leben Schmerz, der Tod aber das Nichtsein bedeutet (Theophrast), warum sollte man dann keine Zwischenform finden, keine Idealform, die die beiden Gegensätze in Einklang bringt? Ist nicht die Wüste der Existenz nächste Bereich? Liegt nicht die Wüste in unmittelbarer Nähe zum Reich des Nichtseins? Ist nicht die Einsamkeit ihre erste Bedingung? Haben nicht die Alten gesagt, Einsamkeit heisse, bei lebendigem Leib begraben zu sein? Ist nicht die Wüste ein Barsach, ein Trennraum, zwischen dem Schmerz der Existenz und dem Frieden des Endes? Gibt nicht die Wüste grenzenlose Freiheit und setzt gleichzeitig den Wanderer, den Jünger, der Gefahr aus? Ist nicht das Reich der Wüste durch diese Gegensätze ein strenges Synonym des Wunders, das da Leben heisst? Haben wir nicht die Durchquerung gewählt auf der Suche nach dem Gelobten Land? Haben wir, Menschen der Einsamkeit, uns nicht vom Leben losgesagt, ein anderes Leben begehrend, das hinter dem Leben liegt?

Thun, 1991

Die Reise der Fluten

1

Der Weg der Fluten durch die Rote Hammâda ist wie der Weg des Menschen auf Erden: Hoch oben auf den Bergen sprudelt das Wasser hervor, frisch, schüchtern, ein winziger Quell. Lebhafter wird es an den Hängen, gewaltig in den Senken, tosend in den Wadis. Dort verwandeln sich die Fluten in einen Dämon, der die Kreaturen dahinreisst, der Mensch und Vieh schlachtet, um sie sich selbst zum Opfer zu bringen. Aber die Reise zum Meer im fernen Norden zehrt an der Flut. Sie verliert an Schwung und wird nach und nach abgewürgt. Denn die Natur wirft ihre Sonnen darauf, und so geht sie dahin. Und die Madschasân-Wüste stellt ihr ihre Sande entgegen, und so löst sie sich auf und erreicht nimmer ihr Ziel, das Meer.

2

In den Liedern der Wüste, gesungen in Nächten, da der Vollmond leuchtet, fragen die Mädchen: »Was schadete es der Wüste, wenn sie der Flut gegenüber Nachsicht walten liesse, damit diese ein einziges Mal zum Meer im Norden gelangte?« Und es antworten die erfahrenen Sängerinnen in Nächten, da der Vollmond verschwindet: »Wenn die Wüste der Flut auch nur einmal erlaubte, das Meer zu erreichen, schüfe das Unordnung: die Flut verlöre den Namen Flut und hiesse fortan Fluss. Denn den Flüssen ist beschieden, sich in die Meere zu ergiessen, den Fluten aber ist bestimmt, in den Sanden der Madschasân-Wüste zu verschwinden«.

Thun, 1997

Gespräch über die Elemente des Universums

Der Streit begann, als der Stein bei sich Tendenzen zur Härte entdeckte. Er zog durch die Wüste und verkündete: »Nie und nirgends in der Wüste habe ich je ein Element gefunden, das beständiger wäre als ich. Deponiert also in meinem Herzen eure Vermächtnisse, die ihr an spätere Generationen weitergeben wollt! Legt eure Geheimnisse in meine Brust, denn in der Wüste gibt es keinen Ort, wo sie besser aufgehoben wären. Nirgends auf meinem Weg habe ich ein Element gefunden, das mich an Kraft und Beständigkeit überträfe.«

Das hörte der Kibli, der Südwind, und hinterbrachte es dem alten Mann Zeit. Der wurde zornig und fuhr den Stein an: »Mir ist zu Ohren gekommen, dass du hochmütig wirst und behauptest, an der Ewigkeit teilzuhaben. Wisse, dass dieses Privileg allein mir zukommt. Ich bin es, der ohne Anfang und ohne Ende ist. Schaffend, doch nicht geschaffen. Wirkend, doch nicht bewirkt. Sendend, doch nicht gesandt. Trotzend, doch von nichts getrotzt. Ewig, während alles sonst dem Verschwinden entgegeneilt.«

»Ich etwa auch?« fragte der Stein zänkisch.

»Auch du«, erwiderte der alte Mann Zeit mit einer Festigkeit, wie sie die Ewigen auszeichnet.

Der Stein war überrascht, befremdet und meinte grossmäulig: »Seltsam, was ich da höre. Nie habe ich in der Wüste ein einziges Element gefunden, das mich an Härte und Festigkeit überträfe.«

»Täusche dich nicht! Es gibt da das Wasser.«

»Das Wasser?«

»Täusche dich nicht! Es gibt da das Feuer.«

Die Überraschung des Steines wuchs, seine Verblendung und sein Hochmut steigerten sich. Er sprach zu dem Weisen: »Nie habe ich an deiner Weisheit gezweifelt, doch was du heute erzählst, weckt Verwunderung in mir, guter Freund Zeit. Meinst du denn wirklich, das kühle, unstete Wasser sei mir an Kraft überlegen?«

»Aber ja!« entgegnete ihm sein Gegenüber mit der Gewissheit der Weisen. »Das Strömen, die Ruhe und die Unstetigkeit, in der du nur Schwäche siehst, machen seine Stärke aus.«

»Seltsam!«

»Ich für meinen Teil finde nur den Verblendeten seltsam, der für sich in Gegenwart des alten Mannes Zeit in Anspruch nimmt, die Härte zu besitzen.«

Der Stein überhörte die Warnung und wechselte zum Thema Feuer. »Und das Feuer? Ich gebe zu, dass es Zungen besitzt, bösartig wie Schlangenzungen. Doch sie sind nicht die geeigneten Waffen, um die Festigkeit des Steins zu brechen.«

»Doch, es wird dich ebenso zerbröseln wie sein Gegenstück, das Wasser.«

Nun konnte der hochmütige Stein nicht mehr an sich halten. Er brach in schallendes Gelächter aus, das in der Wüste widerhallte. »Was bietest du sonst noch, was sich für meine Vernichtung eignete?« wollte er wissen.

»Die Strahlen der Sonne habe ich noch«, erwiderte der alte Mann Zeit mit der Gewissheit der Uralten.

»Die Sonne?« Nochmals lachte der Stein hässlich und

provozierend, dann erklärte er: »Die strahlt da über mir schon länger, als mein schwaches Gedächtnis sich erinnern kann, ohne meine Kräfte auch nur im geringsten zu beeinträchtigen.«

»Sie hat offenbar dein Gehirn beeinträchtigt. Hast du nicht gerade zugegeben, dein Gedächtnis sei schwach?«

»Dass ich nicht lache! Das ist ein Zeichen für meine Ewigkeit. Der Ewige ist eben so alt, dass er sich nicht mehr an den Tag seiner Geburt erinnern kann.«

»Schliesslich gibt es da auch den Geist aller Elemente der Wüste, den Geist, ohne den die Wüste nicht Wüste geworden wäre, den Wind.«

»Den Wind?«

»Mein Bote vom Süden, Kibli genannt. Er verfügt über besondere Qualitäten. Er bewegt sich nach meiner Leitung, mit meiner Hilfe, unter meiner Kontrolle. Ihn besiegt keiner. Willst du ihm etwa den Fehdehandschuh hinwerfen und ihn herausfordern?«

»Ja, das will ich«, erklärte der Stein, nachdem er sein hässliches, kollerndes Lachen beendet hatte. »Warum sollte ich auch nicht. Ich habe schliesslich in der Wüste noch nichts Festeres und nichts Härteres gesehen. Und man würde mich sicher der Feigheit bezichtigen, wenn ich mich von irgend etwas einschüchtern liesse.«

Die Veränderung vollzog sich in astronomischen Zeitspannen.

Der alte Mann Zeit begann seinen Kampf mit Hilfe des Wassers. Die geheimnisvolle, unstete Flüssigkeit zehrte an dem groben, überheblichen Stein und glättete Vorsprünge, Zähne und Klauen, bis sie ihn der Waffen und der Gliedmassen entkleidet hatte. Allein mit Hilfe der Zeit wurde er glatt. Dann erbebte die Wüste, und das Innere brach vulkanhaft hervor. Der Überhebliche verwandelte sich in einen Brocken, der zunächst im lodernden Feuer schmorte und sich in einer weiteren Stufe durch die Kälte in Kohle verwandelte. Inwendig löste sich der Stein auf, bewahrte aber nach aussen seine Konsistenz. Nun war es an der Sonne. Sie sandte ewige Strahlen, geborgt vom Höllenfeuer. Der Stein wand sich und klagte, doch die Pein ging weiter. In der letzten, der vierten, Etappe, war es am Kibli, dem heissen Wind, der vom fernen Süden wehte, der unablässig blies während einer Zeit, die nur am Gestirn zu messen ist. Unaufhörlich peitschte er gnadenlos Sandkörner gegen den Stein, bis dieser zerkrümelte und in sich zusammenfiel. Die Festigkeit löste sich auf. Die Härte wurde zerstört. Der Stolz schwand dahin, und im Griff des Windes wurde der Stein zu nichts.

Da sprach der alte Mann Zeit zum Sand: »Ich habe dir gesagt, dass die Härte des Kopfes nichts über den Mut aussagt. Was meint nun der Hochmütige?«

»Nun glaube ich«, sagten die Krümel des im Staub verschwundenen und in der Wüste aufgegangenen Steines. »Nun glaube ich, dass ein Element desto stärker und fähiger ist, je verborgener und kleiner es ist.«

Casablanca, 1991

Der Berg

1

Die Reise begann in den Windeln. Es machte ihm Spass, den Himmel zu betrachten, und er sah die Sterne. Ein finsterer Fleck, bestickt mit strahlenden Augen, die ihm zublinzelten, die ihn unablässig lockten mit ihrem rätselhaften Blinken. Jede Nacht verlor er sich im Gedränge der Augen, und seine Reisen nahmen kein Ende.

Er reiste zu den Plejaden und betrat ein Haus, aus dem er niemals zurückkehrte. Die Mutter folgte ihm. Sie lockte ihn mit den Machenschaften der Zauberinnen. Sie ersetzte den Beutel des Scheichs an seinem Handgelenk. Nahm den alten und verbrannte ihn im Feuer. Richtete einen neuen und befestigte ihn an seinem rechten Handgelenk. Sie suchte den Zauberer auf und besorgte für den Sohn einen Talisman. Sie schlachtete über seinem Kopf einen weissen Hahn, bespritzte ihn mit dessen Blut und kochte ihm aus dem Hirn eine Suppe. Bei vorüberziehenden Sehern kaufte sie ein neues Kupfermesser, das sie neben der Zeltstütze vergrub. Aber der Junge, der nachts hinter den Plejaden herreiste und sich weit weg begab in die unbekannte Heimat, kehrte auch bei Tag nicht zurück. Er plapperte unverdrossen, lächelte und schuf sich eine Sprache, mit der er allnächtlich die Schar der sieben Mädchen anredete. Und ihm erlosch kein Auge, bis das frühe Licht den Horizontbogen spaltete. Dann kehrte er erschöpft in die Wüste zurück, reagierte aber nicht auf die Tändeleien der Mutter, sondern gab sich einem dunklen Traum hin, der auf seine Lippen ein rätselhaftes Lächeln legte, das das Herz der Mutter erzittern liess.

2

Auf seinen nächtlichen Reisen entdeckte er den Berg. Dieser erhob sich trotzig gegen die Niederung, kletterte gen Himmel empor, bahnte sich seinen Weg durchs Gedränge der zänkischen Augen und hielt nicht inne, bis sein Gipfel die Schar der sieben Mädchen berührte. Eine Vereinigung, eine Begegnung, von der niemand wusste, ob sie zustande kam dank der Unverdrossenheit des Berges oder dank der Nachgiebigkeit der Schönen, die ihm entgegeneilten, um ihm auf halber Strecke zu begegnen.

In der Niederung seiner Wiege beschränkte er sich jedoch nicht darauf, der Schar der sieben Mädchen zu folgen. Der Berg führte ihn auch zu anderen Sternbildern. Sobald sich die Finsternis senkte, kroch er zu dem Berg, hängte sich an seinen Fuss, klammerte sich an den erbarmungslosen Steinen fest und begann den Aufstieg. Stieg und stieg, höher und höher und immer höher. Auf dem hochmütigen Gipfel fand er die Kamelstute seiner harrend. Er schwang sich auf ihren Rücken und ritt los, hinan. Er durchquerte ein erstes Gefild, da verschwand die Oase. Er durchmass ein weiteres Gefild, da verschwand der Gipfel des Berges. Er durchmass noch weitere Gefilde und trat ins Gewühl der Mädchen. Dort vergass er, vergass alles, und wenn er danach auf die Erde zurückkehrte und sich in der Wiege wiederfand, gefesselt mit den Windelbändern, erinnerte er sich an nichts.

3

Dann rebellierte er gegen die Fessel wie der Berg gegen die Niederung. Auf Händen und Füssen kroch er hinaus ins Freie und tummelte sich dort bei Tag. Die Mutter stiess Jubeltriller aus über seinem Kopf. Sie schrie ihm seinen Namen ins rechte Ohr, damit ihn die Bewohner des Unsichtbaren nicht überrumpelten und ihn mit ihren Tricks und Schlichen seinen Namen vergessen liessen. Sie lief zu ihrer Nachbarin und liess sich aus ihrem Hühnerstall einen leuchtend weissen Hahn geben. Diesen schlachtete sie für ihren Sohn und bespritzte ihn mit seinem Blut. Sie zog die Klinge des Dolchs über seinen Körper und erklärte, sie habe einen abscheulichen Dschinn geschlachtet, der auf sein Verderben sann, noch bevor sein Lebensweg richtig begonnen habe. Sie las ihm die Zaubersprüche der Altvordern und warnte ihn vor den Schrecknissen des Weges, der Treulosigkeit der Freunde, der Niedertracht der Zeitläufte und der Verderbtheit der Menschen. Sie hob ihn hoch und sagte schliesslich: »Hüte dich, deinen Namen zu vergessen!« Dann setzte sie ihn wieder auf den Boden und weinte. Sie kehrte ins Zelt zurück, und er tummelte sich weiter draussen im Freien.

Seit jenem Tag waren sie getrennt.

4

Die Zeit strömte dahin, und sein Weg führte ihn zum Berg, damit ihm der hochmütige Gipfel Wohnstätte werde. In der Niederung fand er einen glatten, spitzen Stein. Er nahm ihn mit auf seine Nachtreise zum Garten der sieben Mädchen. Dort erfuhr er, dass auch die Ahnen den Durst nach Ewigkeit kannten und dass sie eine Spur hinterlassen wollten, um der Nachwelt zu übermitteln, wie sie lebten, welche Lieder sie sangen, welche Mädchen sie liebten und an welchen Sternenscharen sie sich erfreuten. Keinen geduldigeren und loyaleren Boten als den Stein fanden die Ahnen, weswegen sie ihn mit ihren Händen polierten, ihm ihr Vermächtnis übergaben und auf ihm das Zeichen ihres irdischen Elends zurückliessen.

Er inspizierte den Stein und fand darauf geheimnisvolle Symbole. Er trug ihn zum Seher, der sich lange über ihn beugte und ihn dann wortlos zurückgab. Doch wird der Junge nie vergessen, wie der Seher ihm zulächelte. Ein Lächeln, so rätselhaft wie die auf dem Stein eingezeichneten Symbole, so traurig wie der Stein selbst.

Er versteckte den Stein in einer Höhle und machte sich daran, den Fuss des Berges zu untersuchen und die unbekannten Teile des Berges zu entdecken.

5

Ganz oben neben dem Gipfel fand er, vergraben in einer Höhle, eine rechteckige Steintafel. Sie war nicht dunkel wie die übrigen Steine am Berg, sondern bleich und vom Lauf der Zeiten poliert, die Kanten vom Gebrauch gestutzt. Er entfernte den Staub, ein Menschenstamm wurde sichtbar: Männer, das Gesicht hinter einem Schleier verborgen, Hörner auf dem Kopf, Speere in der Hand, die Wesen verfolgten, deren obere Hälfte derjenigen menschlicher Geschöpfe, deren untere Hälfte derjenigen von Tieren glich. Die Männer waren mit blutroter Farbe gemalt, die verfolgten Kreaturen waren zweifarbig: oben tiefrot, unten blassweiss.

Er trug die Tafel zum Seher, der sie lange mit leuchtenden Augen betrachtete.

»Das ist ein Schatz«, murmelte er, bevor er ihm die Tafel wieder übergab. Er nahm seinen Schatz und ging mit ihm zurück zum Berg. Am Abhang grub er ein tiefes Loch und verbarg seinen Schatz darin.

6

Die Zeit brach über ihn herein mit ihren geheimnisvollen Wadis. Sie riss ihn mit sich fort wie der Strom einen Strohhalm mit seiner gierigen Zunge. Er durchquerte ein weiteres Gefild auf dem Berg und stiess auf weitere Schätze: einen Schädel, eine Wasserquelle, einen Tonkrug. Der Schädel redete zu ihm in einer Sprache, die er nicht verstand. Die Quelle blinkte und glitzerte mysteriös, sobald die Sonnenstrahlen darauf fielen und sie auf ihrem Weg in die Niederung mit den Steinen plauderte. Der Tonkrug jedoch brachte Unruhe über die Oase. Er trennte das Reich des Himmels von der Welt der Wüste, liess das Gleissen der sieben Mädchen verblassen und führte den Gipfel des Berges hinunter in die Niederung.

Er fand ihn auf der Westseite, vergraben unter einem Sandhaufen, versiegelt mit dunklem Gips. Von den beiden Henkeln an seinem Hals war einer zur Hälfte abgebrochen.

Er eilte mit dem Krug zum Seher.

An jenem Tag sah er zum erstenmal Besorgnis in den Augen des Sehers. Er sprach laut rätselhafte Zaubersprüche, steckte einen grässlichen Dolch neben den Krug, und er bewegte den Fund so vorsichtig, als handelte es sich um eine Schlange. Dann warf er einen zornigen Blick zu ihm empor und sagte: »Geh so weit weg, wie du kannst. Heb eine möglichst tiefe Grube aus und begrab ihn darin. Und achte darauf, dass dich niemand sieht! Denn darin ist ein furchterregender Dämon versteckt. Sollte er aus der Flasche herauskommen, wird er die ganze Welt verderben, und kein Herrscher kann ihn je wieder in sein Gefängnis zurückbringen.« Der Junge verliess das Zelt des Sehers und ging hinaus in die kahle Weite. Doch seine Kameraden holten ihn ein und umringten ihn.

»Zeig uns das Gefäss, das du in deiner rechten Hand trägst«, verlangten sie.

Doch er erwiderte: »In diesem Gefäss liegt ein grosses Übel, entfernt euch!«

»Wir haben dich aber in die Behausung des Sehers gehen sehen«, fuhren sie fort, »und du bist mit einem Geschenk herausgekommen. Du musst das Geschenk mit uns teilen, andernfalls sind wir gezwungen, uns unseren Anteil mit Gewalt zu nehmen.«

Er wich einige Schritte zurück und warnte sie ein letztes Mal. »Lasst das, darin ist ein Dämon versteckt, darin schläft ein Dschinn. Fürchtet ihr die Dschinnen nicht? Der Seher sagt, er werde die Erde verderben, sollte er aus der Flasche herauskommen. Also geht!« Doch die Schlingel entrissen ihm den geheimnisvollen Krug und zerschlugen ihn mit einem Stein. Da quoll ein hübsches Pulver heraus, das in der Sonne leuchtete, und eine seltsame Gestalt erhob sich in die Luft. Sie dehnte sich immer höher und immer weiter gen Himmel, bis sie die Sonnenscheibe verdeckte. Dann stiess sie ein hässliches Lachen aus, das die Erde erbeben liess. Der Berg schüttelte sich vor Entsetzen, und die Steine stürzten zu Tal. Die Gestalt rannte durch die Oase, und die Leute eilten herbei. Sie scharten sich um das gelbe Pulver, stritten sich um die Staubkörner und bekämpften sich wie wilde Tiere, um ein Quentchen von dem hübschen, kecken Staub zu erhalten. Den Dämon aber sahen sie nicht, der das Auge der Sonne verhüllte und mit schallendem Gelächter durch die Oase lief.

7

Am Fusse des Berges schlachteten sie Schafe und Ziegen. Dann stiegen sie hinauf auf den Berg und machten sich unerbittlich ans Werk. Sie entfernten die Steine und durchwühlten den jungfräulichen Boden. Sie zermalmten den Schädel, der einst in einer unverständlichen Sprache zu ihm gesprochen hatte. Sie krochen hinauf, vernichteten die mit dem Stamm der Altvordern bemalte Tafel, beseitigten auf der Suche nach dem trügerischen Schatz den alten Schatz. Sie verloren, auf der Suche nach dem Staub, die ursprüngliche Spur. Sie vernichteten auch den Stein, den er in der Höhle versteckt hatte, und gingen so des Vermächtnisses verlustig. Die Quelle starb, der Paradiesbach kehrte zu seinem Ursprung zurück. Die sieben Mädchen seufzten am Firmament auf und wandten sich beschämt ab. Der Himmel entfernte sich immer weiter von der Wüste, und der Gipfel des erhabenen Berges sank weitere Zoll auf die Niederung zu. Er verlor die Höhle und die sieben Mädchen, und schliesslich blieb er einsam zurück, völlig einsam.

Da drückte er seinen Kopf in den Staub und weinte.

8

Die Zeit führte ihn an ferne, unbekannte Orte. Er zog mit den Karawanen dahin. Brachte wertvolle Waren in die Reiche des Dschungels, um dafür von den Stämmen der Geister den gelben Staub zu erhalten, wie alle anderen Händler auch. Er reiste viel, und er häufte Ladungen von Gold an. Dabei vergass er die Schar der sieben Mädchen, die Vermächtnisse und den erhabenen Gipfel. Er vergass die Oase, und eines Tages hatte er auch seinen Namen vergessen.

9

Nach langer Zeit kehrte er in die Oase zurück – und fand, dass der Berg seine erhabene Gestalt verloren und sich in einen schäbigen Hügel verwandelt hatte, jeglicher Steine und ebenso seiner alten Pracht bar. Er suchte den Seher auf, und sie unterhielten sich über die Dürre, die Seuchen, die trügerische Zeit, die Verderbtheit der Menschen. Als das Gespräch über das Gesetz der Ahnen zuende war, fragte er den Seher nach dem Unheil, das den Berg heimgesucht habe.

»Nicht die Menschen haben den Berg vernichtet«, antwortete der Seher, »obwohl sie ihn auf der Suche nach ihrem vermaledeiten Schatz besudelten und durchpflügten. Nein, der Berg, der sich verändert und den Weg zum Untergang angetreten hat, ist nicht der Berg der Oase, es ist ein anderer Berg, derjenige, den du in dir mitgenommen hast.« Er starrte ihn mit leeren Augen an, in denen das Weiss vorherrschte. »Diesen Berg wirst du unmöglich wiederfinden«, fügte er hinzu, »unmöglich!« Er machte dem Seher ein Zeichen, ihm das zu verdeutlichen, doch der Priester schaute nur mit seinen leeren Augen ins Leere.

10

Als er ein weiteres Mal in die Oase zurückkehrte, hatte sich der Hügel noch weiter verringert. Er war nur noch eine kleine Erhebung, kaum mehr existent als Hügel und fast so eben wie das ihn umgebende Land. Da ging er zum Seher. Sie unterhielten sich erst in der Sprache des Gesetzes über das Leben. Doch schliesslich konnte er sich nicht mehr zurückhalten und fragte besorgt: »Wo ist der Berg geblieben? Der Berg ist verschwunden, Meister.«

Da lächelte der Seher traurig, und mit einer Härte, die zu diesem Lächeln passte, erklärte er: »Auch du wirst verschwinden.«

»Das habe ich nicht verstanden, Meister«, murmelte er.

»Du hast es nicht verstanden«, entgegnete der Seher, »weil du dich weit entfernt hast. Du hast erst die Höhle aufgegeben, dann das Vermächtnis dahingehen lassen. Du hast den Leuten gestattet, mit der Tafel Unfug zu treiben und hast so den Schatz verloren. Du bist hinter den anderen hergelaufen und hast nach ihrem Schatz gesucht. Dabei hast du deinen Namen vergessen. Und am Tag, da du deinen Namen vergessen hast, ist der Berg vor dir geflohen. Jetzt ist es zu spät, denn du näherst dich der Niederung, aus der du weggegangen bist, wie sich dein Berg dieser Niederung nähert.« Er schaute den in der Dämmerung versunkenen Hügel an, dessen Gipfel noch niedriger erschien. Vor seinen Augen hatte er sich noch um ein paar Zoll verringert.

11

Angesichts des Hügels blieb er stehen, bückte sich, nahm eine Handvoll Erde auf und schloss seine rechte Hand darüber. Dann füllte er seine linke Hand damit und schloss auch sie fest darüber. Schliesslich liess er beide Handvoll fallen. Die Körner, die in seiner Hand einen weichen, gefügigen Klumpen gebildet hatten, lösten sich voneinander, wurden Staub, den der Wind verteilte und als geheimnisvolle Partikel zurück zur Erde schweben liess. An einer blieb sein Blick hängen. Sie drehte sich um sich selbst, einmal, zweimal, dreimal, versuchte aufzusteigen, verzweifelt und hartnäckig. Doch dann verharrte sie und begann abzusinken. Auch er bemühte sich, versuchte, seinen ersten Lebensabschnitt zurückzuholen, den Gipfel des Berges zu sehen, die Höhle und die Tafel zu entdecken, ebenso den Schädel und das Auge und die Schar der sieben Mädchen und seinen Namen, ja, auch seinen Namen. Aber er konnte nicht wieder aufsteigen, und so sank er zu Boden wie die Staubpartikel.

Auch in jener Nacht wanderten die Sterne am Himmel auf ihren Bahnen. Ein Stern leuchtete auf, ein anderer verlosch. Ein Stern fiel, aber die Schar der sieben Mädchen ist nicht aufgetaucht.

Thun, 1993

Die Heimat

Und Gott der Herr sprach: Siehe, der Mensch ist geworden
wie unsereiner, und weiss, was gut und böse ist.
Das Alte Testament. *Das Buch Genesis* 22, 3

1. Das Lied

Die Mutter liess ihn schlafend im Zelt zurück, als sie für ein Geschäft hinaus in die kahle Weite ging. Kurz darauf erwachte er. Greinte. Murmelte. Brabbelte. Kündigte einen Protest an. Rief. Er liess sich vernehmen, um der Welt seine Existenz mitzuteilen. Doch die Mutter kam nicht, und die Welt zeigte kein Interesse an ihm. Er gab die Hoffnung auf. Der Protest blieb ihm im Halse stecken. Seine Stimme wurde schwächer und schwächer. Schliesslich verstummte er. Suchte vergeblich nach seiner Puppe, um sich abzulenken, um auf andere Gedanken zu kommen. Dann rieb er sich vor seinen Augen die Hände. Liess sie ein rätselhaftes Zeichen entwerfen. Verflocht sie und löste sie voneinander. Wiederholte das Ganze. Dann lächelte er. Erwiderte den Gruss eines Engels, der erschien. Sprach zu ihm. Murmelte Dinge, die nur in der Sprache des Unbekannten Bedeutung haben. Und der Engel sprach zu ihm. Er lächelte ein weiteres Mal. Spielte mit den Händen. Verstand nicht die Erscheinung. Nun nahm er auch die Füsse zu Hilfe. Er verstand den Engel nicht. Er runzelte die Stirn. Blickte finster. Seine Miene kündigte einen neuen Protest an, aber seine Stimme verwandelte sich nicht in einen Ruf, sie plapperte Töne, Laute, ein echtes Wort. Die unbekannte Erscheinung reagierte. Sie antwortete mit einer schöneren Äusserung. Das Gesicht des

Kindes blickte entspannt, freudig, selig. Die Lippen lösten sich zu einem neuen Lächeln. Sie zeigten einen Mund, der noch frei war vom Zeichen der Reife, vom Merkmal der Gier, von den Zähnen.

Aus einer Ecke des Zeltes kroch die Schlange heran. Sie näherte sich, angekündigt durch ein hässliches, undefinierbares, gefrässiges Zischen. Sie wand und wiegte sich wie eine kokette Frau, die Augen auf den Weg gerichtet, Augen, glänzend wie Goldstaub. Sie erkundete das Geheimnis mit einer Zunge, die an dem Tag geteilt wurde, da sie beschloss, das Geheimnis zu hüten. Der Engel floh aus ihrem Gesichtskreis und löste sich im Licht der Leere auf. Sein Verschwinden betrübte den Jungen. Er brabbelte zornig. Sprach mit einer Stimme, die nur die andere Sprache kennt, die Sprache der Erde, von der die Schlange kam. Und die Schlange verstand. Sie winkte mit der gespaltenen Zunge und sprach mit dem geheimnisvollen Zischen. Sie wand sich um den Zeltpfosten. Näherte sich dem Bettchen des Jungen. Hob ihren Kopf zu seinem Gesicht. Richtete sich auf. Wiegte hin und her. Züngelte. Er empfing die Botschaft. Lächelte aus jenem Spalt, der noch frei war vom Werkzeug der Gier. Er verstand das Zeichen. Die Botschaft leuchtete in seinen klaren Augen. Er genoss es, genoss es in vollen Zügen. Stiess ein freudiges Lachen aus. Ein reines Lachen. Wie ein ergreifendes Lied. Er streckte ihr seine unbesudelte Hand entgegen. Sein Gesicht leuchtete noch immer vor Seligkeit. Die Schlange liess ihre Zunge über die Hand spielen. In ihren geheimnisvollen Augen erschien ein rätselhaftes Leuchten. Sie reckte sich vor. Kroch an dem kleinen Körper empor. Erklomm die Brust des Jungen. Wickelte sich um das rechte Handgelenk. Der Junge stiess ein weiteres Lachen aus, rein wie ein ergreifendes Lied. Ihr weicher Körper spielte mit seiner nackten Brust. Dieser Körper, der weicher und geschmeidiger als Wolle war. Das Gesicht des Knaben war mit Freude durchtränkt. Er streckte seine linke Hand aus. Tastete nach dem Schlangenkörper mit gebogenem Zeigefinger. Sie reckte den Kopf und leckte daran mit der gespaltenen Zunge. Sie reagierte auf die Tändelei mit einem Geplauder aus der Sprache der Erde, von der sie kam. Sie fühlte sich ermutigt. Schob sich weiter vor. Rieb sich an seiner Wange. Seinem Hals. Seine Stimme wurde immer freudiger. Aus seinem Geplapper sprach Seligkeit. Der Geist des Chaos in den Worten zog sich zurück. Die Laute ordneten sich zu einer Weise. Das Lied gewann Gestalt. Er sang. Ja, er sang. Die Schlange wiegte sich. Sie tanzte. Plötzlich trat die Mutter ein. Sie hörte das Kind singen. Sie sah die Schlange tanzen. Und da schob sich Finsternis in ihre Augen, und neben der Zeltstütze fiel sie zu Boden.

2. Das Wissen

Anfangs kroch der Junge auf allen vieren wie ein Tier. Er betrachtete die Zicklein, die Böcke und die Geissen und versuchte zu laufen wie sie. Er lernte, auf allen vieren zu kriechen. Doch die Zeit sorgte dafür, dass er sich von den Vierbeinern verabschiedete und sich auf zwei Füsse stellte. Beim Gehen suchte er die Hilfe der Zeltstütze. Die Mutter betrachtete ihn. Die Zeit war gekommen, so meinte sie, ihn mit der Falschheit der Schlange vertraut zu machen, ihm zu erzählen, dass *die Schlange listiger war denn alle Tiere auf dem Felde.* Sie zeichnete mit den Fingern eine abscheuliche

Schlange auf die Erde und vergass auch nicht die Flecken auf ihrem Leib. Dann holte sie das Kind und stellte es vor den furchterregenden Körper. Sie murmelte und plapperte wild darauf los. Sie legte eine strenge, ja angewiderte Maske und einen entsetzten Ausdruck auf ihr Gesicht. Kroch keuchend auf der Erde umher. Dazu liess sie ein hässliches Zischen hören. Das Schwarz verschwand aus ihren Augen, das Weiss wurde beherrschend, überflutet von dunklem Gelb, gleich der Farbe des Goldstaubs. Die Augen rollten in ihren Höhlen. Das Gesicht wurde hassverzerrt. Bereit für eine rachsüchtige Aktion, für feindseliges Handeln, für eine böse Tat. Die Lippen gaben Zähne frei wie im Maul der Schlange. Bedrohlich und schrecklich lag die obere Reihe fest auf der unteren. Sie nahm einen Lotusknüppel und liess ihn mit Gewalt auf den Körper der Schlange niedersausen. Einmal. Zweimal. Dreimal. Und bei jedem Schlag löste sich aus ihrer Brust ein gepresster, hämischer Schrei. Dann warf sie den Knüppel weg und nahm den Dolch, der neben der Zeltstütze im Boden steckte. Damit stürzte sie sich auf den gefleckten Körper, den die Schläge schon entstellt hatten. Sie stach auf den Schwanz ein und auf das ganze lange Tier. Dann mehrfach hintereinander auf den Kopf. Schliesslich trennte sie mit der Klinge des Dolches den Kopf vom Körper. Sie grub ein Loch und verscharrte den Kopf darin. Nachdem sie mit beiden Händen über die Erde gewischt hatte, war die Schlange verschwunden, verschwunden für immer.

Nun wandte sich die Mutter dem Jungen zu. Und während sie sich die Sandkörner von den Händen wischte, sagte sie zu ihm: »Du musst wissen, dass ...« Sie versuchte, das

Mütterliche in ihre Stimme, ihr Gesicht, ihre Augen zurückzulegen. Doch in ihren Augen lag noch immer jener Blick, der nicht der ihre war. Und sie zitterte noch immer. Die aggressive Wut hatte sich auf das Kind übertragen. Es zitterte. Dann brach es in lautes Geheul aus.

3. Der Fluch

Und abermals wirkte die Zeit.

Sie lehrte ihn viele Dinge. Er sah die Zunge des Feuers und wollte damit spielen, wie einst mit der Zunge der Schlange. Aber das Feuer verbrannte ihm den Finger. Und so lernte er, dass das Feuer brennt. Er wollte mit dem lausbübischen Böcklein spielen, doch dieses reagierte böse und stiess ihn heftig. Und so lernte er, dass ein Böcklein nicht sanft ist.

Die Mutter gab ihn in die Obhut ihrer Nachbarin und ging weg. Er näherte sich der Frau. Schaute sie an. Lächelte ihr zu. Bat sie in seiner Plappersprache, ihm Geschichten zu erzählen, wie es der Engel einst getan hatte, oder sich vor seinem Gesicht hin und her zu wiegen, wie es die Schlange einst getan hatte. Doch die Nachbarin blickte finster und kniff ihn schmerzhaft ins Bein. Er weinte und lernte. Er lernte, dass die Nachbarin unfreundlich war und dass der Engel ihn für immer verlassen hatte.

Er hatte vieles gelernt, bevor er ein weiteres Mal der Schlange gegenüberstand.

Das war, als er draussen neben dem Zelt spielte. Die Schlange schrak auf und stand plötzlich wie ein Gespenst vor ihm. Ihr Kopf war von zwei Hörnern gekrönt. Ihre Gestalt zitterte in höchster Anspannung, bereit anzugreifen.

Ein Zittern überfiel ihn. Er wich zurück. Lachte sie nicht an. Plapperte nicht locker mit ihr wie in vergangener Zeit. Sang ihr nicht das alte ergreifende Lied. Das Lied hatte er vergessen, nachdem der Engel verschwunden war. Nachdem er erfahren hatte, dass die Zunge des Feuers brennt, dass das Böcklein stösst, dass die Nachbarin kneift und dass die Schlange ... Plötzlich erinnerte er sich an die Ermahnung der Mutter, vergegenwärtigte sich alle Einzelheiten ihres Wütens, und da füllte er sich mit dem Gift der Feindseligkeit. Er bückte sich, hob einen Stein auf. Die Schlange zischte hässlich und bedrohlich. Er trat einen Schritt auf sie zu. Durch sein Gedächtnis zog ein Lied, das ihn einst mit der Schlange verbunden hatte. Doch das Vergessen hatte daraus einen fernen Wahn gemacht. Die Erinnerung trog, und das Vergessen erhob sich wie ein Damm. Das Amulett wurde unwirksam, und die Schlange verschluckte die Zunge, die einst mit ihm getändelt hatte, und an ihrer Statt brachte sie einen gefrässigen Zahn hervor, getränkt mit tödlichem Gift.

Er empfing die Bestrafung. Stürzte. Entrückte. Das Zelt verschwamm. Das ganze Lager verschwand. Er schob sich in die Wüste hinein, in die sich weithin erstreckende, sich ausdehnende Wüste, endlos. Er durchquerte Gefilde um Gefilde. Dann tauchte die Heimat auf. Der Engel erschien. Überbrachte ihm die Nachricht. Erzählte ihm die Geschichten. Er lächelte ihn an. Auch die Schlange zeigte sich. Er machte ihr ein Zeichen der Dankbarkeit. Lachte ihr unschuldig zu. Der Damm des Vergessens stürzte ein. Er erinnerte sich an die alte Weise. Sang sein ergreifendes Lied. Und die Schlange wiegte sich tanzend.

Als ihn seine Mutter fand, war das unschuldige Lächeln auf seinen Lippen der einzige Beweis dafür, dass er die Wüste verlassen hatte und in die Heimat zurückgekehrt war.

Thun 1993

Die Schlange

... so heisst es mancherorts, die Schlange verkörpere den Feind, anderswo, sie berge das Geheimnis, und wieder anderswo, sie weise auf das Leben.
Ibn Chaldûn, *Die Einleitung*

1

Ein fahrender Seher, so erzählt man im Stamm, habe in seinen Augen eine rätselhafte Zeichnung gesehen und die folgende Prophezeiung vorgetragen: »Das Omen der Gefahr wird über deinem Haupte schweben bis zu dem Zeitpunkt, da sich Gefahr mit Gefahr verbindet und der Gott sein Opfer erhält.« Da ergriffen die Dschinnen von der Mutter Besitz. Sie schleuderte dem Seher eine Handvoll Erde ins Gesicht und entriss ihm den Jungen. Zitternd verbarg sie ihn unter ihrem Umhang. Dann bewarf sie den finsteren Propheten mit Steinen und vergrub ihre Hände in der Erde, um das Böse in seinen Augen zu tilgen.

In der folgenden Nacht loderte in dem Jungen das Fieber auf. Die Mutter schlich sich aus dem Zelt. Sie las in den Sternenscharen die Nachrichten und murmelte die Zaubersprüche, die der Zeit getrotzt hatten und die, dem verlorenen Gesetz der Ahnen entstammend, über Generationen weitergereicht worden waren. Sie schweifte durch die kahle Weite und sah in der Finsternis aus wie eines dieser Dschinnenweiber, der Schrecken der Verliebten im Stamm, die danach in den Zeltecken ihren Schätzchen von deren Treiben erzählen. Sie stieg ins Wadi hinab, wo die Karawane mit dem Seher Halt gemacht hatte. In der Finsternis suchte sie, ihrem Geruchssinn folgend, nach dem Priester des Dschungels. Der Geruch alter Knochen war ihr in die Nase gestiegen, als der Böse seine Prophezeiung sprach, daran erinnerte sie sich. Und ihr Geruchssinn trog sie nicht. Zwei Schritte von dem Gepäckhaufen entfernt, fand sie ihn auf dem Rücken liegend, die Beine gespreizt und von sich gestreckt. Die ebenfalls ausgestreckten Arme lagen an den Körper gedrückt. Das Gesicht war zum Himmel gerichtet. Sie beugte sich über den erdverkrusteten Körper. Nahm keinen Atem wahr. Auch die Brust hob und senkte sich nicht. Da überkam sie eine dunkle Ahnung, die Unsichtbaren könnten ihren Fluch erfüllt und ihn getötet haben, bevor er das Land des Nordens erreichte. Sie untersuchte seine Augen. Sie waren weit aufgerissen. Ein gespenstischer weisser Schleier lag darüber, wie man ihn von den Augen der Toten kennt.

Sie holte die Schere aus ihrem Ärmel und schnitt von seiner hässlichen schwarzen Kleidung ein kleines Stück ab. Damit ging sie zum Zelt zurück und machte Feuer. Sie liess es niederbrennen, bis die Holzstücke nur noch Glut waren. Sie warf den Fetzen hinein. Dann nahm sie den Jungen und hielt ihn über die Feuerstelle. Als er die Hitze der Flamme und den würgenden Rauch des Stoffes spürte, begann er zu weinen. Am folgenden Tag ging das Fieber zurück. Die Mutter sah, wie das Unheil den Körper des Jungen verliess. Nicht sah sie, wie das Böse sich verwandelte und zu einer furchterregenden Schlange wurde, die den Jungen immer angriff, wenn er allein war.

2

Zum erstenmal sah er sie eines Nachts, als er sich schlafen legte. Er liess die Mutter die abendlichen Segenssprüche über der Feuerstelle sprechen und ging früh, um seine Lagerstatt zu wärmen. Er blies sich in die Hände und vertrieb die unterhaltsamen Geister, die die Feuerzunge an die Zeltdecke zeichnete. Dann liess er seinen Blick nach unten wandern und in der hinteren Ecke des Zeltes verweilen. Dort hatte sie sich aufgerichtet, hoch und kokett wie der Hals eines Kamels, und machte mit einer gefrässigen, zweigeteilten Zunge auf sich aufmerksam. Ihre goldenen Augen waren fest in einen Kopf gefügt, der dem Kopf eines ohrenlosen Kamels glich. In der Feuerstelle spielte die Feuerzunge. Die goldenen Augen nahmen sie auf und verwandelten sie in ein verführerisches Leuchten. Eine Verführung. Eine unwiderstehliche Verführung. Sein Blick blieb an diese beiden goldenen Augen gebunden, an das Leuchten, an die geheimnisvolle Verführung. Er war unfähig, sich von diesem goldenen Leuchten loszureissen, vermochte weder, seine Augen zu schliessen, noch seine Hände zu rühren, um die Schlange mit der Peitsche, die an der Zeltstütze über ihm hing, zu erschrecken. Er war auch nicht imstande, seine Mutter zu Hilfe zu rufen. Das Leuchten gewann Macht über ihn. Die Kraft der Verführung leitete ihn und lockte zu den unergründlichen goldenen Augen.

Irgendwann verlor er das Bewusstsein. Sein Körper bebte, loderte fiebrig, in heissen Schweiss gebadet. Seine entsetzte Mutter beugte sich über ihn und sprach Zaubersprüche aus dem Buch der Ahnen. »Die Schlange, wo ist die Schlange?« fragte er verlangend. Sie steckte ihre Hände in die Erde, um das böse Omen zu entfernen, und fragte unwirsch zurück: »Die Schlange? Wer hätte je im Winter eine Schlange gesehen?«

3

Aber diese Schlange blieb nicht einmal im Winter in ihrem Versteck.

Wenige Tage später ging er hinaus in die kahle Weite, um sein Bedürfnis zu verrichten. Der Nordwind hatte sich gelegt, doch die Kälte war beissend. Vom Himmel fielen Sternschnuppen ins Land des Unbekannten. Der Mond war voll und leuchtete hell. In seinem Licht sah er am Fuss eines hohen Steins ein rätselhaftes Etwas. Es sah aus wie die Klinge eines verlorenen Dolches. Doch als er sich bückte, um es aufzuheben, regte es sich und richtete sich auf. Es reckte sich ihm entgegen mit einem Kopf wie ein ohrenloses Kamel. Es wand sich nach Norden und nach Süden und erinnerte ihn an einen wohlgestalteten, glatten Kamelhals. Im flutenden Mondlicht sah er zwei goldene Augen, die verführerisch blinkten. Als er zurücktrat, glitt das Tier seidenweich über die Erde, mehrere Spannen auf ihn zu. Dann hielt es inne. Er versuchte, den einzigen Zauberspruch zu sprechen, den er aus dem Mund seiner Mutter gelernt hatte. Doch seine Stimme versagte. Er fiel zu Boden, und da spannte sich der hässliche Hals und hob sich plötzlich, bereit loszustürzen. Er kroch auf Händen und Füssen. Über die kahle Weite legte sich eine Finsternis, als hätte sich eine Wolke vor die Scheibe des Mondes geschoben. In seinen Augen verdichtete sich die Dunkelheit. Was dann geschah, erfasste er nicht mehr. Ein Fieberanfall schüttelte ihn, heisser als zuvor.

4

Die Mutter brachte ihn zum Zauberer.

Der Zauberer war ein alter Mann, gross und hager. Im Stamm war er bekannt für seine rätselhafte Vorliebe für Schwarz. Er trug ein schwarzes Gesichtstuch und ein schwarzes Gewand. Auch seine Hose war schwarz. Wenn er den Stammesführer besuchen ging – ausser diesem pflegte er niemanden aufzusuchen –, legte er sich ausserdem noch ein schwarzes Tuch über seine hageren Schultern. Die Verständigen überlieferten von ihm einen Ausspruch zum Lobe dieser tristen Farbe, die er als »Herrscherin der Farben« bezeichnete und als die »Farbe der geheimnisvollen Höhle, die sich die Dschinnen als Refugium wählten und die Götter als Heimat«. Aber das Geheimnis dieser Leidenschaft blieb den Menschen der Klugheit nicht verborgen. Sie wiederholten ein rätselhaftes Gleichnis, das sie dem verlorenen Gesetz der Ahnen entnommen haben wollten und wonach das Unsichtbare das Bergwerk der Zauberer und der Schatz der Dichter ist. Das Unsichtbare habe nie in der nackten weissen Farbe gewohnt, sondern habe sich vom ersten Tag an in der Finsternis eingerichtet. Und als die Mutter sich ungläubig darüber äusserte, dass die Schlange im Winter hinaus in die kahle Weite kam, lächelte der Zauberer unergründlich und sprach langsam, sehr langsam: »Glaubst du denn, die Schlange lebe nur in der Wüste?« Dann blickte er sie mit zwei furchterregenden Augen an, schlug sich mit seiner jämmerlichen Faust an die Brust und erklärte: »Es gibt eine Schlange in der Wüste der Finsternis, die sich hier ausdehnt.«

5

Er hängte ihm ein Amulett gegen die geheimnisvolle Schlange um den Hals. Seit jenem Tag erschien sie nicht mehr.

In der Wüste ging die Zeit dahin. Viele Menschen verschwanden, andere kamen. Lange herrschte Dürre. Doch zu anderer Zeit strömten die Fluten durch die Wadis. Der Kibli aus dem Süden brachte Seuchen, von denen auch die Menschen ihren Anteil abbekamen. Eine Generation ging dahin, eine andere erschien. Doch die Zeit änderte sich nicht. Der Lauf der Dinge hielt nicht inne.

Die Mutter starb. Sie fand ihre Ruhestätte im Grab neben den Ahnen. Sie hinterliess ihm viele Kamele und eine Herde Kleinvieh. Das Kleinvieh übergab er an die Hirten des Stammes. Der Kamele nahm er sich selbst an. Auch auf der Weide tauchte die Schlange nicht auf. Nicht einmal während jener Zeit, da die Wüste bei Tag in Flammen stand und der Gluthauch sie auch bei Nacht noch sengte und das Reich des Niederen Getier jeder Art ausspie: Skorpione, Käfer, Eidechsen, Mäuse, Igel, Hasen und Schlangen. Überall in der leeren Weite tummelte sich das Getier, und die Schlangen krochen zu den Behausungen, stahlen sich in die Zelte und vertrieben die Bewohner. Er vernahm viele Geschichten über diese Invasionen. Doch in sein Zelt drang keine Schlange ein.

Das Gespenst der Schlange war verschwunden. Jetzt litt er an der Bosheit der Kamele. Er musste sich eingestehen, dass er diesen abscheulichen Geschöpfen gegenüber niemals etwas anderes als Abneigung, wenn nicht gar Feindschaft empfunden hatte. Eine Feindschaft, die vielleicht auf jene

Zeit zurückging, als er die Ähnlichkeit zwischen ihnen und der Schlange entdeckte, für die er aber keinen überzeugenden Grund fand. Sein enger Kontakt mit den Kamelen verringerte diese seltsame Feindschaft nicht, sondern nährte und intensivierte vielmehr das Feuer seiner Abneigung. Dass diese Empfindung wechselseitig war, begriff er erst, als sich zu seiner Überraschung ein brutaler zweijähriger Hengst auf ihn stürzte, während er unter einer Akazie Mittagsrast hielt, und ihn in der finsteren Absicht, ihm den Garaus zu machen, mit allen vier Hufen malträtierte. Wie durch ein ihm unvergessliches Wunder vermochte er sich zu retten, doch er fand keinen einzigen Grund für diese niederträchtige Attacke. Nur eine Weisheit aus dem alten Gesetz fiel ihm plötzlich ein: »Hüte dich vor der Falschheit dreier: des Sklaven, des Kamels und der Flut.« Der Zorn würgte ihn. Er suchte sich von dem Kloss im Hals zu befreien. Nachdem er sich mit einem Hirten aus der Nachbarschaft beraten hatte, fesselte er das elende Tier. Er legte ihm einen Strick um die Vorderbeine, dann einen um die Hinterbeine. Beide Stricke knüpfte er zusammen. Doch das war noch nicht alles. Er legte ihm auch einen garstigen, aus Palmfasern gedrehten Zügel um den hässlichen Kopf und befestigte ihn am Schwanz. Danach gab er seinem Helfer zu verstehen, er solle sich entfernen, packte einen Lotusknüppel und begann mit seiner Strafaktion. Der Kloss in seinem Hals löste sich. Er begann am Vormittag, und erst als die Mittagshitze am grössten war, hielt er inne. Als sein Knüppel zerbrach, machte er mit dem des Hirten aus der Nachbarschaft weiter. Als auch dieser barst, schnitt er sich aus den Akazien einen weiteren. Während seiner Strafaktion klagte die Wüste, und die Stille starb. Anfänglich brüllte das Tier wie ein Löwe. Dann verwandelte sich das Gebrüll in hässliches, heiseres Geschrei. Aus seinem Maul troff ekelerregender Speichel, und in seine Augen schob sich das Weiss und schluckte allmählich das Schwarz. Diese Veränderung in den Augen des Tieres entging ihm nicht, obwohl er völlig in die Prügelei vertieft war. Er sah, wie sich das Weiss ausdehnte. Er sah, wie sich danach der Augapfel mit Blut füllte. Nein, es war kein Blut, es war eine geheimnisvolle Farbe, golden, rätselhaft. Sie erinnerte ihn an ein Auge auf einem glatten Hals, der sich plötzlich aufgerichtet hatte, bereit zuzustossen. Da hielt er inne und rannte zum nächsten Gestrüpp, beugte sich vor und übergab sich. Und er hörte nicht die Stimme des Hirten, der ihn warnte: »Wenn du willst, dass dir diese Kreatur als Kamel erhalten bleibt, gib acht. Es wird dich hassen. Das Beste wäre wohl, du verkauftest es oder führtest das Messer gegen es. Wenn du es behältst, wirst du es bereuen. Also gib acht!«

6

Er vergass die Geschichte mit dem Kamel ebenso, wie er zuvor die Schlange vergessen hatte. Nach Jahren füllten die Fluten die Hammâda, und er ging hinaus, um im Frühjahr zu pflügen. Längst hatte er das Kamel gebändigt, hatte vor seinem Höcker einen Sattel festgemacht und es gelehrt, sich Lasten zu fügen. Doch auf den Pflug hatte er es nicht eingeübt, und als er auf die Ebene kam, auf der der Stamm üblicherweise Gerste anbaute, wenn im Herbst genügend Regen gefallen war, liess das Tier ihn im Stich und zeigte ihm sein altes Naturell. Gleich am frühen Morgen bemerkte er seine Launenhaftigkeit. Es war gespannt und lauernd, in seinen Augen lag eine verdächtige Unruhe. Es reckte seinen Hals, so hoch es ging, und folgte mit dem Blick der kahlen Ebene bis zum Horizont, als versuchte es, irgendeine Gestalt auszumachen. Seine Atemstösse waren heiss wie der Südwind, der Kibli. Es schüttelte seine herabhängenden Lippen, als wollte es sie von Zecken befreien, und knirschte mit den Zähnen, wobei ihm fester Schaum aus dem Maul quoll. Er schenkte dieser Launenhaftigkeit keine Aufmerksamkeit, legte ihm das Halfter um den Kopf und führte es auf die Ebene hinaus. Beim Pflügen bemerkte er erneut seine Unruhe. Jedesmal wenn er es mit dem Stecken berührte, um seine Bewegung zu beschleunigen, reagierte es unwirsch. Es drehte sich nervös zu ihm um, aber er, der seine Aggressivität gegen das dreiste Tier von einst vergessen hatte, glaubte nicht, dass seine Angespanntheit Ursache eines Kampfes werden könnte, der danach aber ausbrach. Der Pflug hatte gestockt, als er gegen einen verborgenen Stein geraten war. Das Kamel blieb stehen. Er trieb es mit dem Stecken an, aber es regte sich nicht. Es verhielt sich wieder wie am Morgen, liess seinen Blick über die kahle Weite schweifen und blies heisse Atemstösse aus. Es schüttelte seine Lippen, um sie von nicht vorhandenen Zecken zu befreien, und knirschte wild mit den Zähnen, bis ihm weisser Schaum aus dem Maul quoll. Ihn provozierte dieses Verhalten, und er schlug dem Tier heftig mit dem Stecken an die Beine. Zwei Schläge liess er niedersausen. Als er zum dritten ausholte, erstarrte seine erhobene Hand. Das Tier hatte sich umgewandt, mit einer Bewegung, die er von Kamelen nicht gewohnt war. Leicht wie eine Gazelle hatte es kehrtgemacht, mit dem Mut eines Löwen und der Beweglichkeit einer Schlange. Dabei hatte es den Pflug aus der Erde gezogen und gleichzeitig den Stein aus der Tiefe gerissen. Er sah sich einem Kopf gegenüber, der keinem Kamel, ja keinem ihm bekannten Tier gehörte. Es war der Kopf einer hässlichen Dschinnenhexe. Selbst seine Form hatte sich verändert. Er war nicht mehr oval, sondern war runder geworden. Die Ohren waren verschwunden und der Flaum darauf hatte sich in Schuppen verwandelt wie bei einer Eidechse oder bei einer alten Schlange, bevor sie die Haut abstreift. Die beiden locker herabhängenden Lippen waren fest geworden und hatten sich zu einem straffen, lauernden Maul verbunden. Und die Augen? Vielleicht war ja der Dschinn, der in den Körper dieses elenden Tiers eingegangen war, ein Spiel der Bewohner des Unsichtbaren, denen es Gewohnheit war, den Bewohnern der Wüste immer wieder mal einen Streich zu spielen, doch dass eine solche Veränderung der Augen auch nur ein Spiel sein sollte, das konnte er nicht glauben. Die Augäpfel traten, monströs geworden, aus den Höhlen. Das Schwarz darin verschwand, das Weiss folgte ihm. Und eine neue Farbe füllte die Augen. Dieselbe Farbe, die er an jenem Tag darin gesehen hatte, als er das Tier strafte. Dieselbe Farbe, die er in den Augen der Schlange gesehen hatte, bevor der Zauberer sie mit dem Talisman unschädlich gemacht hatte. Die Augäpfel schimmerten golden.

All das geschah innerhalb eines Augenblicks. Gleich darauf vernahm er einen schrecklichen Laut, wie das Zischen einer Schlange. Das Untier öffnete sein hässliches Maul, seine gefrässigen blauen Zähne wurden sichtbar. Es stiess auf ihn herab, wie ein Schicksal vom Himmel, um seinen

Kopf zu verschlingen. Er tat einen Satz zurück und rettete sich wie durch ein Wunder. Das Monster heulte ein weiteres Mal auf und stiess nochmals mit seinen blauen Zähnen nach ihm. Doch diesmal war er gewappnet. Er liess seinen Stecken auf jenen Körperteil niedersausen, der ihn schon immer provoziert hatte, ohne dass er dafür einen klaren Grund nennen konnte. Er liess den Stecken niedersausen auf den Ausgangspunkt der Verführung, auf die goldenen Augen. Aber auch das Monster wich aus. Es hob den gewaltigen Hals gen Himmel wie die Natter des Dschungels, machte sich einen Augenblick der Unaufmerksamkeit zunutze und warf ihn zu Boden. Es war der Augenblick, da er zum Schlag gegen die Verführung ausholte, da er dem Ungetüm das Dschinnenauge ausschlagen wollte. Das Tier trat ihn mit dem Vorderbein und warf ihn nieder, dann liess es sich selbst auf die Erde fallen, um ihn mit seinem Körper zu zermalmen. Der Boden ächzte, als wäre ein Berg zusammengestürzt, doch im letzten Augenblick war er dem schrecklichen Körper ausgewichen. Er schob sich über die Steine und schrie. Schrie, so laut er konnte. Doch weder damals noch Jahre nach diesem Kampf wusste er, ob dieser Schrei der Heldenschrei war, mit dem sich die Ritter Mut machen, oder der Hilfeschrei eines Kämpfers, der besiegt ist und keinen Ausweg mehr sieht. Trotz seiner Furcht vor der Schande und vor den Versen der Dichterinnen gab er später zu, dass dieser Schrei ihm das Leben gerettet hatte. Denn das wahnsinnige Tier wurde noch wahnsinniger, als es auf die Erde fiel und feststellen musste, dass das Opfer beweglicher war als es selbst und im letzten Augenblick hatte entwischen können. Es setzte ihm mit den Zähnen nach und brachte ihm am linken Handgelenk eine Wunde bei, bevor sich die Männer der umliegenden Äcker einschalten konnten.

7

Keiner glaubte, dass diese geringfügige Verletzung, die einer der Hirten mit dem Kratzer durch ein Stück Holz verglich, das Opfer derartig quälen und sich in einen Makel verwandeln könnte, der für ihn zu einem immerwährenden Merkmal würde.

Am Abend begann das Fieber. In der Nacht erbrach er trübe Flüssigkeit, als hätte ihn ein Zauber getroffen. Das Handgelenk schwoll an und färbte sich schwarz. Gegen Ende der Nacht fiel er in Ohnmacht und lallte immer wieder: »Der Talisman. Der Talisman. Der Talisman.« Die Hirten verstanden nicht, was er meinte, und sandten einen Boten zu den Zelten, um den Zauberer zu holen. Der alte Zauberer war schon vor langer Zeit dahingegangen und ruhte im Steingrab neben seinen Ahnen. Er hatte eine Lükke im Stamm hinterlassen, die lange Zeit nicht geschlossen werden konnte. Die Verständigen anerkannten erst Jahre später die Kompetenz des neuen Zauberers. Dieser war klein und von kupferner Hautfarbe. Er neigte zu unschöner Fettleibigkeit, hatte triste Augen und starrte nicht häufig ins Leere. Anders als sein angesehener Vorgänger liebte er nicht das Schwarz und sah darin weder eine Heimat der Götter noch eine Höhle für das Geheimnis.

Der Zauberer kam kurz vor Tagesanbruch, betrachtete den Verwundeten in der Dunkelheit, wandte sich an die Männer und sagte unwirsch: »Ihr lauft töricht umher, während hier ein Mann mit einer Bisswunde liegt.« Er schickte jemanden in die nahegelegene Bergoase, um einen Hahn holen, dann zog er aus seinem Ärmel einen von Talismanen zerteilten kupfernen Dolch. Aufgeschwollen wie ein Wasserbalg lag das Handgelenk des Siechen, der sich wand und unablässig lallte: »Der Talisman. Der Talisman. Der Talisman.« Der Zauberer machte den Männern ein Zeichen, ihm beizustehen. Die kräftigsten stellten sich um den Kranken. Der Zauberer trat vor und schlitzte mit dem talismanzerrissenen Dolch den geschwollenen Wasserschlauch auf. Zum Erstaunen aller spritzte eine grosse Menge Eiter heraus. Der Fiebernde stiess einen Schrei aus, ähnlich demjenigen, den er ausgestossen hatte, als er zu Boden fiel und das Unheil über sich sah.

Am Abend kehrte der Bote mit dem Hahn von der Oase zurück. Der Zauberer schlachtete ihn mit seinem Dolch und bestrich den Kranken mit seinem Blut. Danach gab er ihm das Gehirn zu essen, worauf der Kranke einschlief, jedoch nicht aufhörte, nach dem Talisman zu lallen.

8

Die linke Hand magerte ab und verkümmerte. Sie wurde ihm zu einem immerwährenden Makel, den er in seinem Ärmel verbarg. Es war ihm peinlich, wann immer er ihn vor Männern oder Frauen zeigen musste.

Als er halbwegs genesen war, machte er sich auf, um nach dem verlorenen Talisman zu suchen. Er beschränkte seine Suche jedoch nicht auf die Stelle, an der der Kampf stattgefunden hatte, sondern durchpflügte die gesamte Ebene. Er drehte das Innerste der Erde zuoberst, und zwar mit einem

Eifer, den er nicht einmal beim Pflügen gekannt hatte, als er den Boden für die Gerstensaat vorbereitete. Er hatte zu niemandem über das gesprochen, was er in dem Augenblick sah, als er den Talisman des alten Zauberers verlor. Er hatte seinen Freunden nichts vom Angriff der Schlange erzählt und dem neuen Zauberer nicht von der lauernden Gefahr berichtet, die er während seiner Fiebernächte geschaut hatte. Sie war grausamer und schrecklicher als das Fieber, als die Übelkeit, als die Lähmung im linken Handgelenk. Doch er enthielt dem Zauberer das Geheimnis nicht lange vor. Schon nach einigen Tagen ging er in sein Zelt, um ihn um einen Rat zu bitten. Er musste eine rätselhafte Scham überwinden, bevor er ein Wort herausbrachte.

»Eigentlich will ich mit Euch schon seit jener Nacht über Schlangen sprechen.«

»Schlangen?«

»Ja, Schlangen. Ich habe Euch nie gesagt, dass mich die Schlange seit meiner Kindheit unheilvoll verfolgt.« Als der Zauberer lächelte, erklärte er: »Der alte Zauberer hängte mir einen Talisman um den Hals, und da verschwand das Scheusal. Aufgetaucht ist es erst wieder nach dem jüngsten Kampf.«

Der Zauberer zeichnete mit einem Brennholzstecken ein Symbol auf die Erde. »Hat dich die Schlange, die dir erschienen ist, gebissen?« wollte er wissen.

Er verneinte mit einer Kopfbewegung, worauf der Zauberer weiterfragte: »Hat sie sich böse gezeigt?«

»Das verstehe ich nicht.«

»Hat sie dich bedroht. Hat sie versucht, dich anzugreifen?«

Die Frage überraschte ihn, und er fragte zurück: »Sollte ich etwa warten, bis sie mich beisst?«

Der Zauberer lächelte nochmals. »Wenn sie dich beissen wollte«, sagte er, »würden dich deine Kräfte nicht retten, und auch dein Verstand nützte dir nichts.«

»Das verstehe ich wirklich nicht.«

»Ich meine, du musst sie in Ruhe lassen, solange sie dir nichts Böses tut.«

»Aber sie ist angsterregend wie ein Dämon. Wie, ja, wie ein Kamel. Hässlich wie ein Kamel. Aggressiv wie ein Kamel. Wie könnt Ihr da von mir verlangen, ihr gegenüber geduldig zu sein?«

»So ist das Geschöpf. Das Geschöpf kann Recht und Unrecht nicht mehr voneinander unterscheiden, seit ihm alles durcheinandergeraten ist. Es hat sich die Feinde zu Freunden gemacht und hat die wahren Freunde verraten, in der Annahme, sie seien die Feinde.«

»Auch das verstehe ich nicht, Herr.«

»Beantworte mir die folgende Frage: Wer hat dich gelehrt, dass die Schlange, die du siehst, nicht der Dämon ist, der dir als Wächter zur Seite steht? Wer hat dich gelehrt, dass der Feind nicht in der Schlange steckt, sondern an einem anderen Ort, den du nicht kennst?«

Er gab die Hoffnung auf und verliess das Zelt des Zauberers ohne Talisman.

9

Nun beschloss er, sich von dem hässlichen Kamel zu trennen. Er machte sich auf den Weg in die Oasen des Südens, um es an die Metzger dort zu verkaufen. Während des

Tages ritt er auf einem weniger abscheulichen und weniger niederträchtigen Kamel und führte das hässliche Tier an den Schwanz seines Reittiers angebunden mit. Er ritt auch noch ein Stück in vollmondheller Nacht. Erst als der Mond verschwand, hielt er an und legte dem Kamel eine Fessel um die Vorderbeine. Diese band er mit einem Palmfaserstrick an den Schwanz des Tieres. Sein Reitkamel dagegen liess er frei umherlaufen. Er war erschöpft und zu faul, ein Feuer zu machen, und so begnügte er sich mit ein paar Datteln als Nachtmahl. Danach legte er sich hin und lauschte der Stille. Er hörte, wie sein Reitkamel emsig wiederkäute, und lauschte mit Vergnügen dem Rhythmus der gierigen Kiefer, die das Futter zermahlten. Irgendwann gab er sich der süssen Verführung hin, und die Wüste nahm seinen Körper auf. Doch es ging nicht lange, bis sie ihm aus der Grube eine Schlange hervorholte. Sie war zottig, umkleidet von goldenem Haar, das dem Flaum eines Vögelchens glich. Der Kopf trug eine Krone wie die Hörner einer Gazelle. Aber er sah auch eine Wölbung – zwei hochstehende Ohren, wie, ja, wie die Ohren seines hässlichen Kamels. Die Schlange richtete sich vor ihm auf. Ihr Körper wurde immer höher und breiter. Sie schwoll an und wurde dick wie ein Wasserbalg. Sie hob sich, bis sie die Statur des Dschinnenmonsters erreicht hatte. Sie stiess einen scharfen, hässlichen Laut aus wie das Meckern einer Ziege. Dabei entblösste sie ihre blauen Zähne. Er sprang auf und sah die Gefahr direkt über seinem Kopf. Mit einem heldenhaften Satz nach hinten rettete er sich. Doch der Geist folgte ihm mit einem langgestreckten, schlangengleichen Hals. Er rannte durch das Wadi. Die Erde unter ihm schwankte. Der Geist verfolgte ihn, er wusste es. Er versteckte sich hinter einem riesigen Ginsterstrauch. Doch auch dorthin fand der Dschinnengeist den Weg. Er machte sich über den Baum her und liess dabei ein schreckliches Zischen hören. Ein weiteres Mal rannte er durch das Wadi, dessen Maul sich öffnete und in eine weite Ebene überging, bewachsen mit Ginster und Gestrüpp. Die Schritte des Giganten näherten sich und hatten ihn schon fast erreicht. Kein Baum war mehr da, der ihm hätte Schutz bieten können, kein Berg, den er hätte erklimmen können, kein Winkel, in dem er sich hätte verkriechen können. Da folgte er einer geheimnisvollen Eingebung, sich in dem Augenblick nach Westen zu wenden, als der Hals des Monsters über seinem Kopf schwebte und die Gefahr drauf und dran war, auf ihn herabzufahren. Er rannte eine weite Strecke, doch die Erschöpfung bekam ihn zu fassen, noch bevor das Monster ihn zu fassen bekam. Er gab auf und blieb stehen. In diesem Augenblick tat sich die Erde vor ihm auf. Ein Abgrund öffnete sich. Er sprang in das finstere Loch und sah eine Gestalt. Es war dieselbe Gestalt, die ihn wenige Augenblicke zuvor aus dem Schlummer geweckt hatte, damit er die Gefahr über sich erblicken konnte. Das Gespenst schlug Alarm. Zottiger Flaum glänzte auf ihm. Auf dem Kopf war es markiert durch zwei Hörner, wie Ohren. Es dehnte sich und blies sich auf, bis es dick wie ein Wasserbalg geworden war. Es erhob sich und schien monströs. Er sah sich selbst rollen und in die Tiefe stürzen, dem Maul des neuen Monsters entgegen. Und in dem rätselhaften Augenblick, in dem geheimnisvollen Barsach, in dem er sich selbst im Bauch des Unbekannten liegen sah, sprühte die Prophezeiung wie Funken aus dem Feuerstein: »Das Omen der Gefahr wird über deinem Haupte schweben bis zu dem Zeitpunkt, da sich Gefahr mit Gefahr verbindet und der Gott sein Opfer erhält.« Er schloss die Augen und legte sich auf den Grund der Grube, während sich die beiden Monster über ihm ineinander verknäuelten. Er hörte das hässliche Tier mit würgender Stimme röcheln. Im Versuch, sich von dem Schicksal zu erlösen, das an seinem Hals hing und seinen Kopf völlig verschlungen hatte, trat es mit seinen Hufen gegen die Öffnung der Grube.

Der Kampf währte, bis das Morgenlicht die Linie des Horizonts spaltete. Da nahm er die frohe Botschaft der Erlösung entgegen. Auf die rechte Hand gestützt, stieg er aus der Tiefe. Zitternd folgte er der Verknäuelung der beiden Monster. Schliesslich unterlag das böse Tier. Es stürzte zu Boden, seine Gegenwehr wurde schwächer, und es ergab sich in sein Schicksal. Nun bemerkte er den furchterregenden Körper, der das böse Kamel niedergeworfen hatte. Er sah eine schreckliche Natter. Ein zottiger Körper, bedeckt mit ekelerregendem goldenem Flaum, der sich am Hals des Kamels festhielt, dessen Kopf er schon völlig verschlungen hatte.

10

Auf dem Weg zurück in die Hammâda klang ihm die Stimme des neuen Zauberers im Ohr: »Wer hat dich gelehrt, dass die Schlange, die du siehst, nicht der Dämon ist, der dir als Wächter zur Seite steht? Wer hat dich gelehrt, dass der Feind nicht in der Schlange steckt, sondern an einem anderen Ort, den du nicht kennst?«

Danach ist ihm die Schlange nie wieder begegnet.

Thun, 1993

Die Frau

Als Apollonios nun die Epheser zusammengerufen hatte, sprach er: »Seid zuversichtlich! Noch heute werde ich der Seuche ein Ende machen.« Auf diese Worte hin führte er die ganze Jugend vor das Theater, wo das Standbild des Apotropaios errichtet war. Hier sahen sie einen alten Mann, der zu betteln schien und kunstfertig mit den Augen zu blinzeln verstand. Er trug einen Ränzel mit einem Stück Brot darin, war in Lumpen gehüllt und hatte ein schmutziges Antlitz. Apollonios liess diesen Mann von den Ephesern umringen und rief: »Hebt Steine in grosser Menge auf und bewerft damit den Feind der Götter!« Die Epheser wunderten sich über diesen Befehl und hielten es für grausam, einen so armseligen Fremden zu steinigen, der jammerte und um Erbarmen flehte. Apollonios aber liess nicht locker und feuerte sie an, auf den Mann einzudringen und ihn nicht fliehen zu lassen. Daraufhin begannen ihn einige aus der Ferne zu beschiessen, und als nun der Fremdling, der zuerst nur zu blinzeln schien, auf einmal aufblickte und Augen voller Feuer zeigte, erkannten die Epheser in ihm den bösen Geist und steinigten ihn jetzt so, dass ihn bald ein Hügel von Steinen begrub. Nach einer kleinen Weile liess Apollonios die Steine wegräumen, um das Wesen, das sie getötet hatten, zu betrachten. Als nun die Steine zur Seite geschafft waren, schien der Mann, den sie zu steinigen geglaubt hatten, verschwunden zu sein. An seiner Stelle fand sich ein Hund vor, der in der Form und im Aussehen dem Molosser glich und an Grösse einem Löwen gleichkam. Er war von den Steinen ganz zerschmettert und schäumte wie die tollwütigen Tiere.
Philostratos, *Das Leben des Apollonios von Tyana* 4.10 (Übers. V. Mumprecht; München–Zürich, 1983), S. 365 f.

1

Einige Tage nach ihrer Ankunft fielen die Ritter.

Der Gesang raffte sie dahin. Das Fieber ergriff von ihren Körpern Besitz. Sie zitterten wie besessen, wälzten und wanden sich lange auf dem steinbedeckten Boden. Die Gefährten eilten mit Dolchen zu ihnen und zogen ihnen die Klingen über den Körper, um die Dschinnen darin zu töten. Doch die Klingen versagten, und die Ritter kehrten nicht von ihrer Reise zurück.

Als ersten traf es einen der edelsten Helden des Stammes, dessen Mut selbst die mutigsten Gegner erstarren liess, dessen Taten die Frauen in Versen besangen und dessen Ruhm als Kämpe selbst andere Stämme in ihren Epen verewigten. Er war dem Stammesführer auf eine Art nahe, die stärker war als die Bande des Bluts, edler als die Bindungen der Verwandtschaft.

Den Stammesführer betrübte der Verlust, und er liess dem Recken auf einer Anhöhe seinem eigenen Zelt gegenüber ein imposantes kreisförmiges Grabmal errichten, und für einige Tage untersagte er die Abende mit der Sängerin.

Doch kaum wurden diese wieder aufgenommen, traf es einen weiteren Ritter.

2

Die Sängerin war, in Begleitung einer Karawane aus Sklaven und Sklavinnen, Dienern und Dienerinnen, im Lager abgestiegen. Sie komme aus der Wüste im Westen und sei verwandtschaftlich mit dem Oberhaupt der Ahaggâr-Stämme verbunden, erklärte sie. Doch der Seher spottete, als einziger im Stamm, über diese Behauptung und brachte mit einem geheimnisvollen Lächeln seine Zweifel über diese Verbindung zum Ausdruck.

Bald nach ihrer Ankunft richtete sie in der ewig kahlen Weite, die sich hinter den Behausungen hinzog, ihren ersten Abend aus. Von den Zelten trennten die Veranstaltung drei Sandschwerter, gezeichnet mit rätselhaften Falten, die den Symbolen der Zauberer glichen. Die Sklavinnen bildeten einen Kreis. Die Diener brachten eine kleine Tahîgalt-Trommel, deren kräftiger Klang unter den Fingern der Sklavinnen den ganzen Stamm in Erstaunen versetzte. Die schönste Sklavin trat in die Mitte des Kreises, nahm eine Handvoll Dattelkerne und warf sieben davon in die Trommel. Dann trat sie zurück. Die Sonne liess ab von ihrer Drohung. Eine letzte, dünne Zunge aus Feuerpeitschen verschwand am Horizont. Ein dunkler Schleier ergoss sich über die kahle Weite, traurig und doch stolz. Gleich einem kummervollen Lied. Die Wüste atmete auf. Heisser Dampf entstieg ihrem Körper, und in der Stille wurde sie neugeboren. Am Bogen des Horizonts erschien ein schüchterner, edler Gott. Erst spendete er nur eine matte Flut, doch dann, als er seinen Gang angetreten und ein Stück des Weges auf seiner immer gleichen Reise zurückgelegt hatte, änderte sich das Licht und wurde silbern.

In diesem Augenblick trat die Frau auf, umgeben von ihren Sklavinnen, geschützt gegen die Absichten der Bewohner des Unsichtbaren durch die Schwerter ihrer kräftigsten Gefolgsleute und Sklaven. Sie erschien in einem weiten, purpurfarbenen Gewand, dessen lange Schleppen sie über den Boden zog, und trug ein Haupt, bedeckt mit üppigen kohlschwarzen Zöpfen. Sie tränkte die Nachtluft mit Ginsterblütenduft. Ihre Schönheit versetzte auch die Dschinnen in Erstaunen, und selbst der edle silberne Gott wünschte sie zur Gemahlin zu nehmen. Wie sollten da nicht die Ritter der Bewusstlosigkeit anheimfallen, als sie ihre Lieder hörten?

3

Der Kreis um die Tahîgalt-Trommel wurde enger. Und das Trommelfell wurde straff über den sieben Dattelkernen. Leidenschaftlich trommelten die Finger auf das gespannte Stück Tierhaut. Und es klagten die Lieder vom Schmerz der Geschlechter. In der Sprache des Rhythmus kündeten sie von der Sehnsucht nach der Heimat, von der Pein der ewigen Suche, vom Elend der Reise, die mit dem Sonnenuntergang nicht endet, sondern fortdauert bis zum Morgenlicht, zur Geburt des neuen Tages.

Der Kummer lag schwer auf den Rittern. Sie schwankten in alle Richtungen. Sie antworteten dem dunklen, ewigen Ruf, den alle Wesen der Wüste rühmen, der jedoch nur in den Weisen, den Gesängen und den Liedern vernehmbar wird. Die unbekannte Sehnsucht zerfrass ihre Brust, und sie fielen. Sie fielen wie die Edlen, die in Leidenschaft zu den Frauen und den Weisen ebenso entbrannt sind wie zum Aufbruch in das andere Land. Aber die Edlen, die fallen, kehren wieder. Die Weisen, die sie weggetragen haben, bringen sie zum Stamm zurück. Die Ritter dagegen, welche von den Weisen der schönen Frauen weggetragen wurden, gingen endgültig, und der Stamm entdeckte erst Tage später, dass ihr Weggang ohne Rückkehr war.

4

Das Fest der Frau wiederholte sich, ebenso der Fall der Ritter.

Die steinernen, runden Grabbauten wurden immer dichter auf den umliegenden Hügeln. Die Mädchen beklagten den Tod ihrer Geliebten, ihrer Brüder und ihrer Angehörigen. Sie taten sich zusammen und eilten zum Zelt der Verständigen, wo sie den Stammesführer in der kahlen Weite in der Sonne sitzend antrafen. Unter ihren Gewändern zogen sie die Schwerter und die Schilde der dahingegangenen Ritter hervor. Die Grösste trat heran und warf dem Stammesführer Schwert und Schild ihres Toten vor die Füsse. Dann trat sie zurück, um einer anderen Platz zu machen. Auch diese warf ihre Waffen hin und trat wieder zurück. Nachdem die Mädchen ihre Botschaft überbracht hatten, sah sich der Stammesführer einem gewaltigen Haufen aus Schwertern und Schilden gegenüber. Was ihn jedoch eigentlich überraschte, war etwas anderes. Die gewaltigen Lederschilde waren, wie er bemerkte, von eines Messers Klinge zerfetzt, und bei den edlen Schwertern, die Angreifern Angst und Schrecken eingejagt und feindlichen Stämmen zugesetzt hatten, waren die Spitzen abgebrochen. Der Stammesführer las die Botschaft und rief die Verständigen zusammen.

5

In der Ratssitzung trug der Stammesführer seine Lesart der Botschaft vor. »Hier liegt die Feste, die den Stamm über Generationen hinweg vor dem Untergang bewahrt hat, geschleift. Hier liegt die Waffe, die ihn gegen Feinde und Angreifer gesichert hat, zerbrochen. Wo seht ihr den Ausweg?«

Der Älteste unter den Verständigen ergriff das Wort. »Es ist ein grosses Übel, dass der Friede bei uns erreicht, was die Kriege zu erreichen ausserstande sind.«

»Das Geheimnis liegt im Gesang«, sagte ein anderer. »Ich habe euch gewarnt. Ich habe schon immer gesagt, dass der Gesang eine schlimmere Heimsuchung über euch bringen werde als die Pest. Und ich werde nicht müde, ein weiteres Mal zu mahnen: Verbietet den Gesang! Verbietet den Gesang! Verbietet den Gesang!«

Ihm hielt ein anderer Weiser entgegen, es sei nicht der Gesang, sondern das Weib. »Warum erklärt ihr den Gesang zur Sünde und verschliesst die Augen davor, dass die Frau ein Dschinnenweib ist, gekommen im Auftrag unserer Feinde? Ich habe das vom ersten Tag an gesagt, aber ihr habt mir nicht geglaubt.«

Mehr als eine Stimme pflichtete ihm bei: »Das Geheimnis liegt im Weibe. Ja, das Geheimnis liegt im Weibe!«

»Ich will es euch nicht verhehlen«, liess sich ein anderer vernehmen, »ich habe einige unserer Ritter gesehen, wie sie in ihr Zelt schlichen und schon vor dem Gesangsfest mit dem Dschinnenweib allein waren. Ich habe einen meiner Sklaven geschickt, die Sache auszukundschaften, und er hat mir berichtet, dass die Ritter sie umarmt und ihr Poesie ins Ohr gesäuselt hätten. Danach hätten sie aus ihrer Nase Atemzüge gezogen und damit ihre Brust gefüllt. Und die Frauen des Dschungels haben einen giftigen Atem, hat der Sklave mir versichert. Stammt dieses Dschinnenweib etwa von den Stämmen des Dschungels?«

Ein anderer Weiser missbilligte das: »Diese Frau ist keine Dschinnin. Sie gehört auch nicht zu den Stämmen des Dschungels. Sie ist eine *Tamanôkalt,* eine Prinzessin, die mit dem Oberhaupt der Ahaggâr-Stämme verwandtschaftlich verbunden ist.«

Doch sein Nachbar fuhr ihn an: »Das ist eine Lüge. Der Seher hat von Anfang an gesagt, dass das nicht stimmt.«

Nun schaltete sich der Älteste aus dem Kreis der Verständigen ein: »Sachte! Wenn ihr sagt, die Frau berge ein Geheimnis, so glaube ich, dass dies Sache des Sehers ist. Weshalb wird der Seher nicht gerufen?«

Der Stammesführer liess den Seher holen. Dieser erschien. Er hockte sich am Zelteingang nieder und vertiefte sich darin, mit einem Akazienstecken, an dem gefrässige Zähne hingen, den Boden zu durchpflügen. Er zeichnete rätselhafte Symbole auf die Erde. Und auf seine Lippen zeichnete er ein noch rätselhafteres Lächeln. Die Versammelten fragten ihn nach seiner Meinung. Er schwieg lange. Verwischte die Symbole am Boden, ebenso das Lächeln auf seinen Lippen. Dann hob er seine leeren Augen, in denen ein furchterregendes Weiss wanderte. Schliesslich sprach er: »Erlaubt mir zunächst, die Partei derer zu ergreifen, die meinen, das Geheimnis liege in der Frau, im Alleinsein mit der Frau, nicht im Gesang.«

Daraufhin rief derjenige, der zugegeben hatte, am Zelt der Frau herumspioniert zu haben: »Habe ich euch nicht immer gesagt, dass das Dschinnenweib einen giftigen Atem hat?«

Die anderen tuschelten miteinander und tippten sich an den Turban. Der Stammesführer sorgte mit einem Handzeichen für Ruhe und fragte, als sich das Geflüster gelegt hatte: »Und was hält der Seher für angemessen, um dieser Heimsuchung zu begegnen?«

Der Gefragte schwieg sehr lange. Er durchpflügte die Erde mit unbekannten Zeichen. Ein seltsames Lächeln zeigte sich auf seinen Lippen. Schliesslich sagte er: »Bindet sie an Händen und Füssen und richtet einen Steinhaufen.«

Alle schauten betreten. Der Stammesführer fragte missbilligend: »Du willst, dass wir die fremde Frau an Händen und Füssen gefesselt bringen? Was hast du vor? Was werden die anderen Stämme zu einer derart schändlichen Tat sagen? Wie sollen wir die zu erwartenden Spottgedichte ertragen?«

»Die Furcht vor der Schande«, erwiderte der Seher bedrückt, »ist es, was euch vernichten wird.«

»Vielleicht reichte es ja schon«, schaltete sich der Älteste ein, »wenn wir sie aufforderten, uns zu verlassen. Die Wüste ist weit, und oft schon war das Exil ein geeigneter Weg, um Zwistigkeiten zu beenden.«

Doch der Seher widersprach: »Das wird nichts nützen, also nehmt euch in acht. Wenn sie geht, werden die Ritter ihr folgen. Den Stamm wird vor der Heimsuchung nur der Haufen Steine erretten, also nehmt euch in acht.«

Wieder schauten sie sich an. Einer beugte sich zum Stammesführer und flüsterte ihm etwas ins Ohr. Tiefe Stille herrschte, gestört nur durch das Summen der Fliegen. Schliesslich sagte der Älteste: »Du hast uns noch nichts über die Bestrafung gesagt, die du über eine an Händen und Füssen gebundene Frau verhängen willst.«

»Ich werde über sie die Strafe verhängen«, erwiderte der Seher, »die das Gesetz der Ahnen vorsieht. Ich verspreche euch, dass ich dem Gesetz der Ahnen niemals zuwiderhandeln werde.«

Der Weise wechselte mit dem Stammesführer einen geheimnisvollen Blick. »Der Seher verzeihe mir meine Gedächtnisschwäche«, schaltete sich der Stammesführer ein, »aber was ist die Strafe, die das Gesetz der Ahnen in einem solchen Fall vorsieht?«

»Wenn ihr glaubt, wie ich schon vor euch glaubte«, antwortete der Seher, »dass die Gräber, die unsere edelsten Helden aufgenommen haben, ihrer Machenschaft entstammen, wäre es da nicht angemessen, dass ihr ihr einen Steinhaufen zum Grab macht?«

»Willst du sie etwa steinigen lassen?« rief der Älteste, und entrüstete sich, als der Seher lächelte: »Du solltest nicht vergessen, dass es sich um eine Frau handelt. Die Besucherin ist eine Frau. Sie ist verwandtschaftlich mit dem Oberhaupt der Ahaggâr-Stämme verbunden. Diese Stämme werden uns verfluchen. Du wirst gegen uns einen Stamm aufhetzen, dessen Feindschaft für uns vernichtend ist. Denk noch mal darüber nach und suche nach einem anderen Ausweg.«

Als der Seher eine ablehnende Kopfbewegung machte, warf der Weise einen Stein nach ihm.

6

Es gelang dem Seher, den Stammesführer zu überzeugen. Doch diesem gelang es nicht, alle Verständigen zu überzeugen. Der Seher wachte bei Nacht und suchte in den Sternzeichen nach dem rechten Weg. Einige Tage später besprach er sich im Abendschatten mit dem Stammesführer. Eine Frau, die über die Stämme Zerstörung gebracht habe, erklärte er, habe häufig auch die Stämme vor dem Verderben gerettet. »Und wenn die Feinde eine Frau zu Hilfe nehmen, um uns zu vernichten, warum nehmen wir dann nicht auch eine Frau zu Hilfe, um die Heimsuchung vom Stamm abzuwenden?«

Der Stammesführer pflichtete ihm mit mehrfachem Kopfnicken bei. Dann schickte er insgeheim nach den Frauen.

7

Die Frauen kamen und brachten die Fremde, gefesselt mit einem groben Palmfaserstrick. Der Seher stellte sich vor sie und sprach unbekannte Zaubersprüche aus dem verlorenen Gesetz. Seine leeren Augen blinkten im Licht des traurigen silbernen Gottes. Er bückte sich, hob einen grossen Stein auf und warf ihn gegen die Frau. Aus dieser löste sich ein Schmerzensschrei. Dann machte er den versammelten Frauen ein Zeichen und wich einen Schritt zurück. Die Frauen traten vor und schleppten die garstigsten Steine heran. Sie begannen, die Gefangene damit zu bewerfen. Die Steinigung währte die ganze Nacht. Als das jungfräuliche Frühlicht anbrach, war das Grab schon mannshoch.

8

Einige Tage später erlaubte der Seher den Edlen, das Grab zu öffnen.

Der ganze Stamm hatte sich versammelt. Die Verständigen waren ebenso gekommen wie die Ritter, die Frauen und sogar die Sklaven. Alle umstanden das Grab. Auf ein Zeichen des Stammesführers hin begannen die Sklaven mit der Arbeit. Sie räumten viele Steine weg, und als der Haufen klein geworden war und sie sich der Grube näherten, vernahmen sie einen seltsamen Laut. Die Sklaven hielten inne, und die Edlen tauschten fragende Blicke. Der Stammesführer gab ein Zeichen, die Arbeit fortzusetzen. Da plötzlich war ein trister, hässlicher Laut zu hören, und die Sklaven hielten ein weiteres Mal inne. Einige sprangen entsetzt aus dem Loch, doch die Mutigen liessen sich nicht beirren, sondern schafften weiterhin Steine beiseite. Doch auch ihr

Mut schwand, als sie den Grund erreicht hatten und eine gewaltige Schlange erblickten, die zusammengeringelt dalag. Sie liess ein hässliches Zischen hören und richtete sich auf, bereit zuzustossen.

Alle liefen auseinander. Die Frauen stoben nach allen Seiten. Die Sklaven rannten fort. Die Ritter zogen sich zurück und verlangten nach Schwert und Speer. Nur der Seher starrte weiterhin auf die Schlange und lächelte rätselhaft wie ein Zauberer. Und hinter sich vernahm er eine Stimme: »Habe ich euch nicht gesagt, dass das Dschinnenweib einen giftigen Atem hat?«

Thun, 1993

Der Jungfrau Gelübde

Und, seiner Feuchte beraubt durch die Glut, ward Libyen damals
trocken, damals beweint ihre Quellen und Seen mit gelösten
Haaren der Nymphen Schar.
Ovid, *Metamorphosen* II, 237 ff.

Das Wasser, sagt Archelaos, durch die Wärme in flüssigen Zustand gebracht, wird, insoweit es sich zu einer Art Hefe verdichtet, zu Erde; insoweit es aber in Umlauf bleibt, erzeugt es die Luft. So wird denn die Erde von der Luft, die Luft aber von dem Umschwung des Feuers zusammengehalten. Die lebenden Wesen, sagt er, entstehen aus der Erde, die in (durch die Sonne) erwärmtem Zustand einen milchähnlichen Schlamm als Nahrungsstoff hervortreten lässt; und das hat dann auch zur Menschenschöpfung geführt.
Diogenes Laertius, *Leben und Meinungen berühmter Philosophen* (Übers. Otto Apelt) I, 2, S. 69

1

»Ghr … ghr … ghr … rkk … rkk … rkk.«

Sie lauschte nochmals. Beugte sich vor, um das geheimnisvolle Geräusch auszumachen. Dann versuchte sie wieder, die Sprache des Wassers nachzuahmen: »Glkk … glkk … glkk … glkk … glkk.«

Die Entdeckung beglückte sie. Die Melodie gefiel ihr. Sie wiederholte sie lange, geneigt über den Fluss – kleine Bächlein, die sich zwischen den Felsen hindurchschlängelten und um die dürftigen Büsche im breiten Wadi herummäanderten.

Eine kühle, feuchte Abendbrise wehte von Norden heran.

Winter.

Der Himmel war nackt und klar über der Hammâda. Trotzdem wagte die Sonne es nicht, sich hochmütig und tyrannisch zu zeigen. Barmherzig stand sie über den Bergen. Und fern im Norden wurden die feurigen Strahlen besiegt und waren erträglich. Am Nachmittag erreichte die Zunge des Stromes die Weiden. Da riefen die Hirten einander, und die Leute liefen heran. Sie verteilten sich über das ganze Wadi und ergötzten sich an der Betrachtung des Wunders. Die Zelte leerten sich, und alle gingen zum Fluss, sogar die alten Frauen. Die Kinder zogen sich aus und krochen auf allen vieren ins Wasser und versuchten zu schwimmen. Viele verletzten sich an Steinen und Dornen, da rannten die Mütter herbei und zogen sie aus dem Wasser.

»Passt auf mit dem Wasser«, warnten die alten Frauen. »Auf seiner Zunge lauern die Dschinnen, und auch sein Schwanz ist trügerisch.«

Doch die Jungen, denen der Anblick eines Flusses bisher versagt geblieben war und die einen solchen nur aus den Geschichten der Alten kannten, waren wie gelähmt vor Bewunderung.

Tasîdert gehörte zu ihnen. Sie war früh aufgestanden und hatte ihre Schafe und Ziegen über die Hänge ins Wadi getrieben. Dort sah sie das Wunder. Wasser, ein paar Handbreit tief, auf einem von Dürre und Sonne gefolterten Land, das den Geschmack des Wassers seit Dutzenden von Jahren nicht gekostet hatte. Und es floss! Am meisten überraschte sie, dass die wertvolle, die wundervolle Flüssigkeit so reichlich vorhanden war, dass sie sich irgendwo sammelte und dann weiter floss, schoss, strömte, zwischen Felsen hindurch, um die dürren Büsche herum, über die durstige Erde.

Gepriesen sei Gott, der Allmächtige!

Wie gelähmt blieb auch sie stehen. Vergass sich selbst. Sprachlos. Ins Unbekannte starrend. Keine Wolke war aufgezogen. Kein Tropfen Regen war gefallen. Woher konnte da eine solche Menge Wasser kommen, genug, um das ganze durstige Wadi zu durchfluten? Dieses gierige Wadi, das vor ihren Augen mir nichts, dir nichts einen ganzen Balg voll Wasser schlürfte.

In den Geschichten, die ihre Grossmutter erzählt hatte, war immer wieder von Regen die Rede, der auf den Höhen des Dschebel al-Hassâwana und des Dschebel Nefûssa, weit weg im Norden, fiel. Dieser ströme dann herab durch die Klüfte und ergiesse sich in die Wadis. Dort sammle sich das Wasser und beginne seinen Lauf zu den Ebenen im Süden. Tasîdert hatten diese Geschichten nie wirklich überzeugt. Sie hatte nie geglaubt, dass der Himmel imstande war, eine solche Menge Wasser herabzusenden, und dass es dann auch noch diese grossen Entfernungen durch die Hammâda zurücklegen konnte, ohne dass sich die ausgetrocknete Erde seiner bemächtigte und es schon auf halbem Wege einschlürfte.

Nun sah sie es mit eigenen Augen. Das Wunder.

Ihr Herz schlug noch heftig, als sie sich dem Rand des Flusslaufs näherte und die emsige Flut betrachtete, die Dung und Stroh mit sich riss, Steine überflutete und Büsche listig umspülte.

Zum erstenmal hörte sie das Gurgeln des Wassers.

Auch das konnte sie nicht glauben.

Sie trat ein paar Schritte näher. Zögerte. Schwankte. Dann streckte sie die Hand aus. Berührte das Nass. Schauderte. Ein unheimliches und doch angenehmes Gefühl bemächtigte sich ihrer. Nochmals tauchte sie ihre Hand ins Wasser. Es war kühl, barmherzig, zärtlich, geheimnisvoll.

Sie beugte sich über den Fluss und lauschte der unbekannten Sprache. Lange Zeit lauschte sie so. Ihr Herz hörte nicht auf zu beben. Sie schaute auf und sah, wie der ganze Stamm zum Wadi lief und sich am Fuss der felsigen Hänge verteilte. Da erfasste sie, dass das Wasser wirklich war, und sie beugte sich nochmals über den Fluss und lauschte dem rätselhaften Rauschen.

Dann versuchte sie, das Geräusch nachzuahmen: »Ghr … ghr … ghr … rkk … rkk … rkk … glkk … glkk … glkk.«

2

In jenen Jahren soll der Hunger den halben Stamm dahingerafft haben.

Überlebt haben nur die wenigen, die sich an ein elendes Leben in den Oasen klammerten. Ihr Vater hatte sie bei ihrer Grossmutter gelassen und war dem Stamm in die Hammâda gefolgt, als sich die Dürre in der Wüste mit dem Feind im Norden verbündete. Die Italiener hatten den Widerstand entlang der Küste gebrochen und begonnen, ihre Einfälle bis in die Bergregionen zu tragen, um ihre Expansion nach Süden vorzubereiten. Der Vater teilte das Los seines Stammes und verhungerte ebenfalls, bevor die Italiener die Hammâda erreicht hatten. Ihre Mutter, die zum Stamm der Ifôghas gehörte, hatte sie schon verlassen, als sie noch keine neun Monate alt war; sie war einer unbekannten Seuche zum Opfer gefallen.

Doch sie blieben nicht lange in der Oase. Die Italiener drangen in die Südwüste vor, und in den Sandgebieten von Sallâf tobten die Kämpfe. Schwere Verluste zwangen die Kämpfer, sich nach Süden zurückzuziehen und in der Sandwüste Schutz zu suchen. So fanden die Angreifer den Weg zu den Oasen offen.

Die schreckliche Nachricht verbreitete sich wenige Tage, bevor der Feind die Oasen erreicht hatte. Geschichten von Vergeltungsaktionen wurden erzählt, und die Angst bemächtigte sich aller. Sie packten ihre Habseligkeiten zusammen und überliessen die Oasen den Bauern.

Die Stämme zerstreuten sich. Manche Sippen zogen nach Aïr und ins Land der Schwarzen. Andere Familien wanderten nach Tunesien, Algerien oder nach Timbuktu. Die übrigen Gruppen irrten durch die Hammâda, die unter der Tyrannei der Sonne und der Erbarmungslosigkeit der langen Dürre litt.

Tasîdert folgte mit ihrer Grossmutter denjenigen Gruppen, die es vorzogen, in der nackten Hammâda zu bleiben. Nicht dass diese Nacktheit die gesamte elende Hammâda umfasst hätte. Doch Tasîdert erinnerte sich noch gut an jenen erbarmungslosen, völlig wolkenlosen Himmel. Während all jener Jahre verbarg sich die rücksichtslose Sonne nie hinter auch nur einer einzigen Wolke, und Dürre und Hunger endeten nie. Tasîdert gehörte zu einer Generation, die nie Regen erleben und nie den Anblick einer Wolke geniessen durfte.

Nie sah sie fliessendes Wasser, nie beobachtete sie eine Flut. Sie sah dergleichen nur mit den Augen ihrer Grossmutter. Neben ihr sass Tasîdert am erlöschenden Feuer vor dem Zelt, während die alte Frau ihre letzten Zaubersprüche murmelte, klammerte sie sich an ihren schwarzen Umhang und bat sie, ihr von den Fluten zu erzählen. Nicht immer fügte sich die alte Frau ihrer Bitte. Häufig entzog sie sich und erfand allerhand Ausflüchte. Als Kind konnte Tasîdert nicht wissen, welchen Schmerz diese Geschichten ihrer Grossmutter bereiteten.

Einmal, nachdem sie eine der Geschichten über die Flut erzählt hatte, stand sie ganz plötzlich auf und goss ein paar Tropfen Wasser aufs Feuer, um es zu löschen. Dann umschloss sie die Zeltstütze mit den Armen, barg ihr Gesicht in ihrem Umhang und weinte lange. Ein andermal brach sie beim Erzählen zusammen und wurde von einem langanhaltenden Schluchzen geschüttelt. Manchmal weinte sie auch, während sie erzählte, und versuchte nicht einmal, ihre Tränen zu verbergen. Sie erzählte aufregende Geschichten über gewaltige Fluten, die die Wüste in alter Zeit erlebt hatte, als der Himmel Regen schenkte und monatelang das Wasser über die Erde floss. Währenddessen liefen ihr die Tränen ruhig über die bleichen, knochigen Wangen, ohne dass sie sich die Mühe machte, sie abzuwischen. Am aufregendsten fand Tasîdert in den Geschichten ihrer Grossmutter, dass die Flut, wenn sie einmal kam, unvermeidlich Männer, Frauen und Kinder mitriss. Dass es beim Vieh Verluste gab, das ja immer im Wadi Zuflucht suchte, überraschte sie nicht. Aber warum riss die Flut neben den Tieren auch Menschen mit? Das wollte ihr nicht einleuchten, und sie erkundigte sich bei ihrer Grossmutter darüber.

»Das ist«, erklärte diese, »weil die elenden Menschen von heute mit Opfern knausern und ihre Gelübde nicht erfüllen. Sie glauben, sie könnten den Himmel betrügen. Und so ist die Flut gezwungen, sich mit Gewalt zu holen, was ihr zusteht.«

»Reichen ihr denn die Ziegen und die Kamele nicht?« wollte Tasîdert wissen. »Sind denn Tiere nicht auch Opfer?«

Auf diese Frage antwortete die Grossmutter mit Worten, die der Enkelin für immer im Gedächtnis bleiben würden: »Tiere sind kleine Opfer, nicht geschaffen für die Flut. Die Flut ist schwierig. Die Flut begnügt sich mit nichts weniger als dem Blut des Menschen. Wenn die Flut weniger schwierig wäre, wäre sie nicht für Dutzende von Jahren verschwunden geblieben und hätte uns nicht für eine halbe Generation des Lebens beraubt.«

Tasîdert war bisher die Flut vorenthalten geblieben.

3

Vom Leben in der Oase waren ihr nur zwei Feinde in Erinnerung geblieben: der sengende Boden und der Staub. Um Klee für die Ziegen zu holen, lief sie immer ins Unterholz der Palmen. Unterdessen ging die Sonne auf und erhitzte den Sand. Wenn sie dann mit dem grünen Bündel auf dem Kopf zurückschritt, lag der brennend heisse Weg vor ihr. Manchmal kroch sie auf dem Bauch wie eine Schlange, das drückend schwere Bündel auf dem Kopf. Dann wieder leckte sie ihre Fussohlen, um das Brennen zu löschen. Und mehrfach rollte sie wie ein Ball und schleifte das Bündel mit dem gesammelten Klee an einem Strick hinter sich her. Sich bei ihrer Grossmutter zu beklagen war nutzlos. Diese murmelte nur ein paar Zaubersprüche und antwortete ihr, dass die Geduld im Leben mächtiger sei als die Talismane der Zauberer.

»Nicht umsonst hat man dich Tasîdert, Geduld, genannt«, erklärte sie.

Doch statt sich mit dem stärksten Talisman im Leben zu wappnen und zu beweisen, dass sie den Namen Tasîdert verdient hatte, ging sie einen grossen Ballen Klee holen, den sie auf dem Weg verstreute, um sich vor dem flammenden Sand zu schützen. So sah sich die Grossmutter gezwungen, einen der Bauern zu bitten, ihr aus Palmblättern ein Paar Sandalen zu fertigen.

Doch auch das nützte nichts. Das Schuhwerk war schlecht gemacht. Der Knoten der rechten Sandale löste sich, und kurz darauf fiel, schon am ersten Tag, die ganze Sandale auseinander. Daraufhin benutzte sie die linke Sandale abwechselnd für beide Füsse, bis auch diese wenige Tage später unbrauchbar wurde.

Tasîdert fand heraus, dass der heisse Boden in der Oase vorherbestimmtes Schicksal war, und so suchte sie Schutz beim Talisman der Grossmutter, der Geduld.

Der Staub dagegen verursachte ihr Kopfschmerzen und Anfälle von Übelkeit.

Die Oase lag dort, wo die beiden Wüsten, die Lehmwüste des Nordens und die Sandwüste des Südens zusammentreffen. Wenn der Südwind blies, erhoben sich dichte Staubwolken, hinter denen sogar die Sonne verschwand. Dann wurde der Tag zur Nacht. Sie erinnerte sich an einen Sturm, der mehrere Tage hintereinander angriff und die Leute an ihre Häuser fesselte. Er fegte Hütten und Palmen hinweg und verschüttete die Felder und die Quellen.

Ein solcher Sturm brachte Kopfschmerz und Übelkeit.

Dann zogen sie in die Hammâda.

In der Wüste im Norden waren das Wetter und die Natur völlig anders. Der Boden war weniger heiss, die staubbeladenen Stürme waren weniger heftig. Aber die Sonne schien wie eh und je und brannte wild und abscheulich auf sie herab.

Während der ersten Monate war sie nie lange der quälenden Sonne ausgesetzt. Die Grossmutter trug ihr auf, Brennholz zu sammeln, und die Sonne half ihr sogar dabei. Sie hatte die Pflanzen versengt und jeden Baum elendiglich verdorren lassen. Doch nach längerem Lagern in den Wadis zwang sie der unmässige Gebrauch von Brennholz durch den Stamm zu immer weiteren Wegen, um Nachschub aus immer ferneren Wadis heranzuschaffen. Dann war sie allein mit der Sonne, und viele Male litt sie schrecklichen Durst. Doch nie verlor sie das Bewusstsein so weit, dass sie den Weg zurück in das Lager nicht mehr gefunden hätte.

Das geschah erst, nachdem man ihr die kleinen Ziegen anvertraut und die Grossmutter ihr aufgetragen hatte, sie zum Weiden zu führen.

Die Ziegen! Mein Gott, wie frech diese Ziegen waren. Oft hatte sie andere Mädchen von diesen Kreaturen erzählen hören und dass sie nicht zu bändigen seien, aber dass sie lästiger als der heisse Boden und quälender als die Sonne waren, hatte sie sich nie vorgestellt. In den ersten Tagen kam ihre Freundin Tamîma mit hinaus zu den kärglichen Weiden auf den Ebenen Richtung Westen.

Tamîma war ein heiteres, lebhaftes Mädchen. Sie war zwei Jahre älter als Tasîdert und hatte ihr ganzes Leben in der Hammâda zugebracht. Sie kannte den Stachel des Hungers und die Peitsche der Sonne. Sie hatte Geduld gelernt und liess sich von den lästigen Zicklein nicht mehr aus der Ruhe bringen. Ihre Mutter flocht ihr das Haar zu langen, dünnen Zöpfen, die sie am Hinterkopf zu einem kuriosen Knoten zusammenband, der aussah wie eine Dornenkrone. Sie wanderte gern mit einen Palmfaserstrick um die Hüfte in den Wadis umher und sprang mit der Behendigkeit einer Ziege auf die Felsen. Dazu sang sie. Sie sang, und manchmal tanzte sie auch und träumte von dem Tag, an dem sie alt genug wäre, Achnôchan zu heiraten, einen stolzen jungen Mann. Sie blieb aber unsicher über ihre Wahl und erkundigte sich unablässig nach jungen Männern, die noch geeigneter als Bräutigam waren. An einem Tag entschied sie sich für Achnôchan, weil er stolz und hochnäsig war. Dann geriet dieser Entschluss ins Wanken, und am nächsten Tag wählte sie Amûd, weil sie tags zuvor bemerkt hatte, dass dieser noch stolzer war als Achnôchan und sein Turban noch grösser als derjenige des anderen Anwärters.

Bei alldem hörte sie nie auf zu tanzen, zu singen und den kecken Ziegen durch Wadis und Klüfte, über Ebenen und Hügel hinterherzurennen, all das ohne Anzeichen der Erschöpfung und ohne dass ihr ein einziger Schweisstropfen über die Stirn lief. Tasîdert dagegen, die Tochter der Oase, hatte von der Hammâda keinen dieser Tricks gelernt. Ihr hatte das Leben auch nicht den magischen Talisman der Geduld geschenkt – ausser im Namen. Die Müdigkeit machte sie fertig, ihre Kleider waren schweissnass, ihre Kehle staubtrocken, und so blieb sie weit hinter ihrer Begleiterin zurück.

Tamîma winkte mit ihrem Lotusstecken und wandte sich lachend um. Doch als sie den elenden Ausdruck auf Tasîderts Gesicht sah, hörte sie auf zu lachen und tröstete sie: »Das sind Zicklein. Hast du etwa geglaubt, Zicklein zu weiden sei einfach?« Mit solchen Worten trieb sie sie immer an.

Einmal hatte Tasîdert wirklich genug. »Warum lassen die Erwachsenen eigentlich uns die Ziegen hüten, wenn sie doch wissen, dass das gar nicht so einfach ist?« fragte sie ihre Kameradin.

Sie lagen unter einem einsamen Lotusbaum auf einer nackten Ebene, die völlig mit grässlichen, von der Sonne geschwärzten Steinen bedeckt war.

»Sie tun das ganz absichtlich«, erklärte die kluge Tamîma und spielte dabei mit ihrem mit weissen Dornen bestückten Lotusstecken, »um sich für ihre eigene elende Kindheit zu rächen. Sie haben auch unter den Zicklein gelitten, als sie Kinder waren.« Dann lachte sie.

»Aber das ist nicht gerecht. Eigentlich sollten sich die weisen alten Männer der Zicklein annehmen. Um sie zu hüten, muss man umsichtig sein, eben wie die alten Männer.«

»Weil sie umsichtig sind, haben sie es ja so eingerichtet. Sie tun so, als sei es viel schwieriger, Kamele zu hüten, und hängen den Kindern die verfluchten Ziegen an. Irgendwann einmal werde ich sie den Wölfen überlassen.« Sie lachte nochmals.

»Aber das ist nicht gerecht. Gerecht wäre es, wenn sie uns die Gelegenheit gäben, mit dem Kleinvieh und den Kamelen auf die Weide zu ziehen.«

»Nichts ist gerecht in dieser Welt. Ich habe dir doch gesagt, dass das mit der Umsicht ein Trick ist. Meine Mutter sagt, dass das ganze Leben ein Trick ist.«

»Die Erwachsenen sollten die Kinder erziehen. Kann denn ein Kind ein Kind erziehen. Wie soll das gehen?«

»Das kannst du deiner Grossmutter erzählen.« Tamîma lachte wieder. Sie zog den Strick um ihre Hüfte fest und kroch auf allen vieren dem Schatten nach, der sich verschob. »Lassen wir mal die Ziegen«, sagte sie dann. »Reden wir doch vom Heiraten. Hast du dir schon einen ausgesucht?«

»Was soll denn am Heiraten Gutes sein?« fragte Tasîdert bedrückt, in Gedanken noch immer bei den Ziegen.

»Gibt es denn auf dieser Welt etwas Schöneres als das Heiraten?« Sie lachte wieder.

»So ein Blödsinn! Die Flut ist viel schöner.«

Tamîma legte sich auf den Bauch. Sie stützte ihr Kinn auf die eine Hand und steckte die andere in die Erde. »Du hast nur Regen und Flut im Kopf. Mann und Frau sind zum Heiraten geschaffen, Braut und Bräutigam. Von etwas anderem weiss ich nichts.«

»Ich weiss auch von nichts anderem. Welchen Nutzen hat ein Mensch ohne Flut? Welchen Nutzen hat die Erde ohne Regen? Nur die Flut kann den Brand der Sonne löschen und die drei Übel zur Strecke bringen.«

»Die drei Übel?«

»Das versengte Land, den Staubsturm und den Durst.«

Tamîma brach in schallendes Gelächter aus. »Du kannst wirklich an nichts anderes denken als an das versengte Land und den Staubsturm. Sogar in der Hammâda verfolgt dich die Oase.«

»Mein ganzes Leben lang träume ich schon von der Flut. Dabei habe ich noch nie in meinem Leben eine gesehen. Erzähl mir davon.«

»Erst wenn du mir von den Hochzeiten in der Oase erzählt hast.«

»Erzähl du mir zuerst von der Flut. Ich habe zuerst gebeten. Ich beschwöre dich beim Haupt deiner Mutter oder bei dem des Achnôchan.«

»Ich habe doch selbst die Flut auch noch nie anders als im Traum gesehen«, erwiderte Tamîma lachend.

Dann schwiegen sie. Eine fette Fliege flog heran und liess sich auf Tamîmas nacktem Bein nieder. Sie verscheuchte sie mit dem anderen Fuss und lauschte der Stille. Aus dem Wadi drang fernes Blöken heran. Sie schaute zu Tasîdert hinüber. Diese starrte, Traurigkeit im Blick, in die fatamorganaüberflutete Leere. Tränen quollen aus ihren Augen.

4

Mitten im Sommer bekam Tamîma Fieber, und Tasîdert ging allein auf die Weide hinaus. Sie zog zu den Weidegründen der Wadis im Westen, die nicht so weit entfernt lagen und reich mit schattigen Bäumen gesäumt waren. Die Sonne wurde schon früh quälend; es versprach, ein höllischer Tag zu werden. Tasîdert beglückwünschte sich zur Wahl dieses Ortes. Doch die teuflischen Zicklein liessen sie nicht den Schatten geniessen. Kaum hatte sie sich unter einem Lotusbaum eingerichtet oder ihren Kopf zwischen die Blätter eines Ginsterstrauchs gebettet, um sich ein wenig auszuruhen und an einer Dattel zu knabbern, da musste sie entdecken, dass die schrecklichen Tiere ins Wadi gerannt und dem Blick entschwunden waren. Also schob sie die Dattel zurück in ihren Beutel und rannte hinter ihnen her. Oft versuchte sie es auch mit einem Trick, den sie von Tamîma gelernt hatte: Sie durchquerte das zerklüftete Wadi, kürzte so ihren Weg ab und traf an einer Biegung auf die Ausreisser. Tamîma hatte sie zur Vorsicht gemahnt, denn Wölfe könnten die Gelegenheit nutzen und den Ziegen den Weg abschneiden, bevor sie selbst das Wadi an anderer Stelle wieder erreicht hatte.

Tasîderts Herz schlug, kaum dass ihr die Wölfe einfielen und sie daran dachte, wie rasch diese wilden Bestien ihre Beute rissen. Sie hatte noch nie einen Wolf gesehen und noch nie auch nur sein Geheul gehört. Aber die Geschichten des Stammes und die Erklärungen der Verständigen sprachen immer nur von der Furchtlosigkeit dieses Feindes. Und so stellte sie sich vor, wie dieses elende Biest, allein mit der Herde der hilflosen Ziegen und weit weg von ihr, ihnen seine Zähne in den Nacken schlug – genau wie in den Geschichten.

Sie zog es vor, nicht mehr die Abkürzung zu nehmen, sondern den Tieren zu folgen.

Immer wenn sie die Herde eingeholt hatte, fand sie, dass ein Zicklein, immer dasselbe, die Führung übernommen hatte und die anderen hinter sich herzog. Noch keinen Monat war es alt. Ihre Nachbarin hatte es gewaltsam entwöhnt, ihm nicht nur die Muttermilch, sondern auch die Mutter weggenommen. Diese band sie an einen Pflock am Eingang ihres Zeltes und erlaubte dem Jungen nicht, sich ihr zu nähern. Diese Massnahme begründete sie damit, dass sie mit der Milch der Ziege ihren kranken Sohn retten wolle, der keinerlei Appetit habe. In den ersten Tagen nach der Trennung von Ziege und Zicklein liessen diese niemanden in den umliegenden Zelten Schlaf finden. Das Junge wurde bei der übrigen Herde festgebunden und erhob dort ein lautes, klagendes Meckern. Diesem antwortete die Mutter vom Eingang des Zeltes. Es war wie Ruf und Echo. Doch das penetrante Meckern des Zickleins erregte den Zorn der Ziegenböcke, besonders der jüngeren, die es zu stossen begannen, um es zum Schweigen zu bringen. Tasîderts Grossmutter wachte häufig vom Lärm dieses Treibens auf, und Tasîdert hörte sie im Dunkeln murmeln: »Mein Gott noch mal«, oder sie sprach ein paar Zauberformeln oder Koranverse.

»Egal ob sie die Ziege und das Zicklein voneinander trennt, der Junge wird sterben«, hatte die schamlose Tamîma ihr draussen auf der Weide gesagt und dazu gelacht. Das war ihre Meinung über die unbarmherzige Frau. Über so viel Pessimismus wurde Tasîdert wütend und wechselte den ganzen Tag über kein Wort mehr mit Tamîma.

Dieses Zicklein nun führte die Herde, und immer wenn sie es eingeholt und ihm den Weg verstellt hatte, blieb es trotzig stehen und schaute sie böse an, aus Augen, die fast menschlich waren. Dann neigte es den Kopf und scharrte mehrfach nervös mit einem Vorderhuf, als hege es die Absicht anzugreifen. Dann schien ihm jedoch einzufallen, dass es noch über keine Hörner verfügte, und es begann, den Kopf gen Himmel gereckt, laut zu schreien. Danach sprang es zur Seite, rannte los und hüpfte dabei über die Felsen des Wadis wie eine Gazelle, ja wie ein Mufflon.

Anfangs lachte sie, obwohl müde und verärgert, über dieses Verhalten. Denn jedesmal, wenn sie keuchend und schwitzend die Herde eingeholt hatte, entdeckte sie, dass das verfluchte Zicklein den ganzen Pulk anführte. Doch als dieser rätselhafte, böse, zornerfüllte Blick sie immer wieder traf, beschlich sie ein Gefühl der Furcht und des Schauders, als ob sie es nicht mit einem Zicklein, sondern mit einem Geschöpf zu tun habe, dem ein böser Mensch innewohnt. Es war nicht die feindselige Haltung, die sie erschaudern liess, auch nicht sein voreiliger Wunsch, sie zu stossen, sondern dieser unheimliche, wilde, satanische Blick. Seine Augen waren nicht wie diejenigen der anderen Zicklein. Und sie sprachen von etwas anderem, offenbarten etwas anderes als nur Zorn oder Hass.

Dann spürte auch sie Zorn und Hass, weil sie nicht in der Lage war, ihre Datteln zu vertilgen oder vom Wasser aus dem Balg zu trinken oder einfach ruhig im Schatten zu liegen. Sie verfluchte das Zicklein und die Sonne und die Oasen und sich selbst. Ja, sie verfluchte auch sich selbst, weil sie nach all dieser Zeit in der Hammâda immer noch nicht wie Tamîma imstande war, die Zicklein unter Kontrolle zu halten.

Sie versuchte, ihre Wut zu unterdrücken, doch sie konnte ihre Tränen nicht zurückhalten. Sie ergriff einen Stein und rannte hinter der Herde her, überholte die hinteren Tiere und rannte immer weiter. Sie durchquerte das Wadi und bog nach rechts, hielt sich auf der linken Seite und lief am Rand des Wadis entlang. Schliesslich hatte sie das vermaledeite Zicklein eingeholt, das wie besessen in die Luft sprang und den anderen keine Gelegenheit gab, sich auszuruhen oder zu grasen. Denn, wie gross ihr Hunger auch sein mag, Ziegen kümmern sich nie um Futter oder um einen Baum, wenn sich in ihrer Mitte ein unruhiges, boshaftes Tier aufhält. Ein solches Zicklein gibt keine Ruhe, bis es die Herde den Wölfen ausgeliefert hat. So erzählen die Geschichten.

Sie blieb vor ihm stehen, schweissnass, mit trockener Kehle und ebensolchem Mund. Trat noch zwei Schritte näher. Das Tier warnte sie mit wilden Augen. Es neigte den Kopf, bewegte aber nicht seinen rechten Huf. Sie hob die Hand und liess mit einem hasserfüllten Schrei den Stein auf seinen Kopf niedersausen. Doch das besessene Zicklein rührte sich nicht. Der Schlag schien es nicht geschmerzt zu haben. Zwei zornige Augen starrten zu ihr empor. Der Ausdruck in ihnen wurde noch deutlicher und gleichzeitig rätselhafter. War es eine Drohung?

Ein unerklärlicher Schauder überlief sie, ein Schauder wie beim Zischen einer Schlange.

Sie trat zurück und sank hilflos unter einem Ginsterstrauch zusammen. Wünschte, die Wölfe möchten sich des Zickleins annehmen. Und sie schloss es mit der Sonne, ihrem ersten Feind, in ihren persönlichen Fluch ein. Sie nahm den Wasserbalg und trank gierig daraus. Das Wasser lief ihr auf die Brust. Plötzlich fiel ihr die Flut ein, und Tränen liefen ihr über die Wangen.

5

Am gegenüberliegenden Rand des Wadis erhob sich ein Hügel, gewölbt wie ein Kamelhöcker. Über ihn goss die Sonne einen Flammenkamm, der dort lungerte und tanzte und dann über den Abhang hinunterglitt, um die Büsche zu verbrennen, die Steine zu knacken und die leere Weite in einer lodernden Fata Morgana versinken zu lassen.

Die Mittagshitze.

Tasîdert legte sich in den Schatten des Ginsters und spürte nicht, wie der Schlaf sie forttrug. Nur einige Augenblicke schlummerte sie, aber sie hatte einen Traum: Eine Schar schwarzgekleideter Frauen zog, dicht zusammengedrängt, über die kahle Weite, bis der Horizont sie verschluckte. Während die Angst sie beschlich, kam Tamîma daher und erzählte ihr lachend, die Frauen seien hinausgegangen, das böse Zicklein zu begraben. Als sie aufschaute, um einen Dank gen Himmel zu murmeln, zwickte Tamîma sie in den Hintern, und sie schrak zusammen. Sie erwachte und kratzte sich. Das Gefühl der Angst blieb. Es war dieselbe Angst, die sie gefühlt hatte, als sie die Frauen sich so ominös zusammenscharen sah.

Dann fiel ihr die Herde wieder ein.

6

Sie verlor die Spur der Ziegen in der unermesslichen Hammâda. Die kahle Weite führte zu einem unbarmherzigen Landstrich im Westen. Die Wadis und die steilen Klüfte führten zu kahlen grauen Bergen, die wilde, finstere Schlünde öffneten.

Auf einem Gipfel blieb sie stehen. Tief unten sah sie einen Falken, der mit weitausgebreiteten Flügeln seine Kreise zog, begrenzt durch den unerbittlichen Berggürtel. Hin und wieder blitzte sein glänzendes Gefieder auf, wenn sich die Fäden der untergehenden Sonne auf seinen Flügeln brachen.

Tasîdert setzte sich auf die harten, sonnengeschwärzten Felsen und trank aus ihrem Wasserbalg. Ihre Atemzüge wurden ruhig. Die Spannung liess nach. Sie genoss die Benommenheit und die Stille. Starrte auf die purpurne Scheibe, die am Horizont hing, tief unten, am Ende der Wadis. Von ihrem erhabenen Aussichtspunkt erschienen die durstigen Büsche, die unten in den Wadis verstreut standen, herzerdrückend elend. Doch trotz dieses Gefühls der Tristesse, das sie erweckten, zeigten sie unter den purpurnen Strahlen des Sonnenuntergangs eine traurige Schönheit.

Sie dachte an die Geschichten des Stammes über die Verwandlung, die dieses unerbittliche graue Land erlebt, wenn das Herz des Himmels sich erweicht und die Wüste mit Wasser segnet. Dann bricht die Erde auf, die Steine weichen und geben tausend Arten von Pflanzen frei. Und für einige Tage grünt die Wüste, bedecken sich die kahlen Wadis mit Gewächsen, öffnen sich zauberhafte Blüten, deren intensiver Duft die Hirten schwindlig werden lässt. Wie oft hatte nicht ihre Grossmutter die Hammâda im Frühling jenes verlorene Paradies genannt, aus dem Gott die Menschen als Strafe für ihr Tun verbannt hatte. Wenn sie von den Trüffeln zu erzählen begann, schloss sie die Augen und wiegte den Kopf wie in Trance. Sie schwärmte auch von verschiedenen Kräutern der Hammâda, aber wirklich ausser sich geriet sie bei der Erwähnung der Frucht der Gnade, der Trüffel.

Sie wob Geschichten über die schwarze Pflanze, ihre Form, ihre Grösse, ihre Farbe, ihren Duft und ihren märchenhaften Geschmack. Tasîdert hatte diese Geschichten so oft gehört, dass sie die Ekstase der alten Frau nachzuahmen begann. Auch sie wiegte am Ende jeder Geschichte hin und her. Es bedrückte sie, zur Zeit der grossen Fluten nicht schon geboren gewesen zu sein, und nachts im Bett weinte sie insgeheim aus Sehnsucht nach dem verlorenen Paradies.

Ihr Schicksal wollte es, dass sie in den Jahren der Dürre und des Hungers geboren war, in Zeiten der Tyrannei der Sonne und der Kriegszüge. Die Sehnsucht nach der Flut wurde ihr zur geheimnisvollen Obsession, zu ihrem verlorenen Paradies, zu ihrer einzigen Hoffnung. Und während die anderen Mädchen nach dem Tag dürsteten, da sie als Braut einem Bräutigam zugeführt würden, der mit einem blauen Turban gekrönt war und auf dem Sandthron neben dem Zeltpfeiler sass, dürstete sie nach dem Tag, an dem der Himmel sich verfinsterte und die tyrannische Sonnenscheibe löschte und die Tränen des Zorns und der Barmherzigkeit über die Höhen im Norden flossen, um die Wüste in einer Flut versinken zu lassen, die über die Welt hinwegspülte. Doch wenn sie ihren Wunsch Tamîma erklärte, lachte diese nur und behauptete, sie sei verrückt. Nach ihrer Meinung gab es in der Welt nichts anderes, was Leidenschaft verdiente, als die Männer. Tamîma hatte ein besseres Los gehabt. Als sie, Tasîdert, in der Oase wohnte, erfreute sich Tamîma des Anblicks einiger vorüberziehender Regenwolken. Und in einem Jahr sah sie sogar einen dünnen Wasserfaden. Zweimal sei das geschehen, behauptete sie, doch Tasîdert traute ihr nicht recht. Dennoch hatte dieser kleine, müde Wasserfaden ihr geholfen, ihren Durst zu löschen. Sie dürstete nicht mehr wie Tasîdert nach den Wasserfluten, sondern nur noch nach den Männern.

Die purpurrote Scheibe war erloschen, der Horizont hatte sie verschluckt. Doch die Hitze stieg weiterhin von der Erde auf, und die gerösteten Steine dampften. Der riesige Falke schwebte noch immer über dem finsteren Abgrund. Tasîdert setzte sich wieder auf die aschgrauen Felsen auf ihrem einsamen, wilden Gipfel in erhabener Höhe. Sie schaute hinab auf die Wadis, über denen ein mysteriöses Schweigen lag. In der heraufziehenden Dunkelheit sah sie aus wie eine junge Dschinnin, die vom Paradies träumt. Dann plötzlich fielen ihr die verlorenen Ziegen wieder ein.

7

Nicht die Furcht vor dem Tod veranlasste sie dazu, bei dieser Reise das Gelübde zu leisten, es war die Sehnsucht, die Sorge, das Verlangen, der Urwunsch nach der unbekannten Flut.

Der Durst führte sie zum Bewusstsein zurück.

Das Wasser ging zuende. In einem engen Tal auf dem Rückweg bettete sie ihren Kopf auf dem Balg. Doch trotz ihrer Erschöpfung schlief sie erst am frühen Morgen ein. Sie hörte das Heulen der Wölfe und das Gemurmel der Dschinnen. Sie nahm Gestalten wahr, die im matten Mondlicht über die kahle Weite wanderten. Sie sah den gigantischen Falken, der im Sturzflug auf ein elendes Zicklein tief drunten im finsteren Grund hinabstiess.

Zwanzig Mal erwachte sie und schlief wieder ein. Als die tyrannische Sonne die Wüste mit Flammenzungen überflutete, setzte sie ihre Wanderung fort, auf der Suche nach dem Weg zurück zu den Zelten. Das bergige Land, bedeckt mit aschgrauen Felsen, hatte ihre Spuren verschluckt, und auch die Spuren der Ziegen waren verschwunden. Die erbarmungslose Scheibe hob sich einige Handbreit über den Horizont. Sie ging ihr festen Schritts entgegen, als wollte sie ihr trotzen. Angriffig, als wollte sie sie um ihren Kopf bringen oder als habe sie beschlossen, ihren eigenen Schmerzen ein Ende zu machen, und sie zum Ziel gewählt, um sich ihr zu unterwerfen. Ist es doch bestimmt im Buch der Wüste, dass jeder, der vom Weg nachhause abgekommen ist, seine Angelegenheit der hochmütigen Sonne überantwortet – und sie rettet, wen sie will, und rafft dahin, wen sie will. Viele wurden gerettet, und viele sind auf immer in die Irre gegangen und wurden erst als Skelett wiedergefunden. Bis zum Mittag wanderte sie der flammenden Scheibe entgegen, bis zur grössten Hitze. Ihr blosser Kopf brannte, ihr Gehirn begann zu kochen. Als die Sonnenscheibe dann ihren hohen himmlischen Thron erreicht hatte, wusste Tasîdert nicht mehr, wohin.

Sie begann zu stolpern, stürzte, stand wieder auf. Das wiederholte sich mehrfach, bevor der Henker aller Kreaturen zum Gegenangriff überging. Er legte ihr eine Wolke übers Gesicht, um ihr die Sicht zu verschleiern. Und wenig später legte er eine weitere Wolke über ihren Verstand. Sie sank auf die Knie und riss die Amulette weg, die sie an einem Band in ledernen Dreiecken um den Hals trug. Sie suchte nach der Nadel. Das Amulett war zusammengesetzt aus drei Stücken, die ihr die Grossmutter um den Hals gehängt hatte, als sie ein kleines Mädchen war, das noch nichts vom Leben, von der Zukunft oder vom Tod wusste. Für drei Ziegen habe sie es dem Seher in der Oase abgekauft. Das erste Stück half, die Dschinnen zu bändigen. Das zweite diente dazu, die Schliche der Menschen zu vereiteln. Das dritte schliesslich schützte den Verstand vor Verwirrung, einer in der Wüste verbreiteten Krankheit. Die umliegenden Stämme litten daran, und sie drohte die edelsten Männer und die schönsten Frauen allesamt in Derwische zu verwandeln.

Die Furcht davor hatte die Grossmutter dazu veranlasst, sich um die Anfertigung dieses wertvollen Amuletts zu bemühen. Drei ganze Ziegen bezahlte sie dem Seher, obwohl sie das erste und das zweite der drei für eine Ziege hätte bekommen können.

Tasîdert fand die Nadel, nahm sie zwischen ihre zitternden Finger. Sie stach sich rasch und mehrfach in den Arm. Dann beugte sie sich darüber, um das Blut abzusaugen. Sie spürte weder während des Stichs einen Schmerz noch spürte sie, wie ihr Flüssigkeit aus dem Arm quoll. Keuchend sank sie auf der erbarmungslosen Erde zusammen. Nach einer Weile richtete sie sich auf und stach in ihr rechtes Knie. Sie beugte sich vor und saugte daran. Nichts war zu spüren. Vielleicht war das Blut ja aus dem Körper verdunstet wie das Wasser in der sengenden Hitze. Sie liess die Nadel fallen und drückte das Gesicht auf den Boden. Kaute brennende Erde, vermischt mit Steinchen. Doch auch hier nahm sie keinen Geschmack wahr. Plötzlich blitzte es ihr hell und klar durch den Kopf, und in diesem flüchtigen Augenblick leistete sie das ungeheure Gelübde. Dann verlor sie wieder das Bewusstsein und ergab sich einer neuen Welle von Dunkelheit.

8

Mitten in der grössten Hitze fanden sie sie.

Drei Tage lang war sie bewusstlos. Sie faselte und redete wirr, undefinierbare Worte, denen auch die Grossmutter keinen Sinn abgewinnen konnte, die während der ganzen Zeit nicht von ihrer Seite wich, Zaubersprüche rezitierte und den Thronvers* murmelte. Sie braute Tinkturen, kochte Kräuter auf und begann bei Tagesanbruch zu buttern. Alte Frauen sind mit Kindern am barmherzigsten, wenn diese krank sind. Die Grossmutter ergriff die Gelegenheit und verwöhnte sie.

Am Morgen des dritten Tages zog Tasîdert das Tuch von ihrem Gesicht und fragte: »Warum hat Gott die Wüste als Wüste geschaffen?«

Die alte Frau hielt nicht beim Hin- und Herstossen des Butterbalgs inne. Sie betrachtete die Enkeltochter neugierig und lächelte, bevor sie antwortete: »Damit sie dem als Zufluchtsstätte dient, der frei sein will.«

Auch Tasîdert lächelte. Sie liess ihren Blick zwischen der Flamme in der Feuerstelle und dem ausgemergelten, hohlwangigen Gesicht der alten Frau hin- und herwandern. Nach einigem Stillschweigen fragte sie weiter: »Sind denn die Bewohner der Städte Knechte?«

»Natürlich sind sie Knechte«, erwiderte die Grossmutter, ohne zu zögern.

»Und die Bewohner der Oasen?«

Die alte Frau nickte und erläuterte dann: »Auch sie sind

* Ein häufig als Gebet mit besonderer Wirkung gesprochener Koranvers (Sure 2, Vers 255) in dem es unter anderem heisst: »Weit reicht Sein Thron über Himmel und Erde.«

Knechte. Jeder, der sich damit zufriedengibt, unter der Barmherzigkeit eines anderen Sklaven zu leben, ist ein Sklave. Jeder, der unter einem Dach schläft oder hinter Mauern lebt, jeder, der sich auf einem Stück Land festsetzt.«

»Und die Bewohner des Dschungels? Sind die Bewohner der grossen Wälder auch Knechte?«

Und als die Grossmutter zustimmend nickte, entgegnete Tasîdert: »Aber sie schlafen unter keinem Dach und leben hinter keinen Mauern.«

»Sie leben unter der Barmherzigkeit der Furcht. Wie kann jemand frei sein, der ständig in Furcht vor Leoparden und Schlangen lebt?«

»Aber in der Wüste stirbt der Mensch durch die Dürre.«

»Er stirbt, aber er weiss es. Der Mensch muss sterben, um frei zu sein.«

»Aber was nützt die Freiheit in der Wüste, wenn schon dem ungeborenen Menschen verhängt ist zu sterben?«

»Was nützt das Leben in Knechtschaft?« Sie wiegte weiter im gleichmässigen Rhythmus des Butterbalgs hin und her. Ihre Wangen wurden noch fahler und noch eingefallener. Auf ihren Lippen tanzte der Versuch eines matten Lächelns.

Als am Abend Tamîma sie besuchen kam, fragte Tasîdert sie nach jenem Zicklein. Tamîma schaute sie lange mit ihren lachenden Augen an. Dann senkte sie den Kopf und fragte: »Was hast du erwartet? Es ist nicht als einziges draufgegangen. Die Wölfe hatten schon die halbe Herde umgebracht, bevor die Hirten kamen.« Dann warf sie ihr einen boshaften Blick zu und sagte vieldeutig: »Der kleine Junge der Nachbarin ist übrigens auch gestorben.«

9

Die Jungfrauen wuchsen heran.

Die Jungmänner des Stammes säumten nicht, sich um sie zu bemühen. Tamîma gewann selbstverständlich den Wettlauf. Sie war die erste, die heiratete.

Auch das zweite Rennen gewann sie. Sie gebar drei Söhne. Häufig suchte sie Tasîdert auf, um ihr Geschichten aus dem Eheleben zu erzählen. Sie schleppte ihre Kinder mit, schwang den Jüngsten in die Luft und fing ihn mit der Geschicklichkeit einer wahren Mutter auf.

»Ich habe es nicht bereut wie die anderen«, erklärte sie immer wieder zutiefst überzeugt. »Ich halte nach wie vor daran fest, dass das Leben die Männer sind. Eine Frau, die nie einen Mann gekostet hat, hat nicht gelebt. Ich werde nicht glücklich sein, bis ich dich in den Armen des Würdigsten von ihnen sehe. Im Stamm fehlt es nicht an tüchtigen Mannen.«

Tasîdert neckte sie mit ihrem alten Scherz: »Nicht bevor die Flut in die Wüste kommt.« Irgendwann war Tamîma den Scherz leid und fauchte zurück: »Die Flut, die Flut. Und wenn die Flut nun nicht in die Wüste kommt? Willst du dein Leben vergeuden in Erwartung des Unbekannten?«

Sie sassen zusammen im Abendschatten. Tamîma rührte den grünen Tee. Sie schlürfte ein wenig, um die Zuckermenge zu prüfen. »Frauen sind wie Blumen«, sinnierte sie weise, wie eine alte Frau. »So schnell, wie sie sich entfalten, so schnell verblühen sie auch. Männer sind ohne Alter. Das ist ihr Glück. Der Mann ist immer jung und frisch. Mein Gott, wie ich die Männer beneide!« Dann wandte sie sich zu

Tasîdert und fuhr mit ihrer Attacke fort. »Und du wartest hier auf die Flut! Du wirst verwelken, bevor sie kommt.«

»Sie wird kommen. Du wirst sehen. Ich werde keinen Mann geniessen. Ich werde nichts geniessen.«

»Gott heile dich«, murmelte Tamîma. »Ein Mädchen, das sich zu heiraten weigert, weist Gottes Wohltat zurück. Wie viele haben schon um dich geworben?« Ohne auf eine Antwort zu warten, begann sie sie an den Fingern abzuzählen. »Sieben. Sieben von unserem Stamm. Meine Mutter sagte, man habe dich auch mit Männern von fernen Stämmen verheiraten wollen, von den Ifôghas.«

»Ich habe auch sie alle abgelehnt.« Tasîdert unterdrückte ein Lachen.

Tamîma schnaufte wütend. Sie beugte sich über den Teetopf.

Die Grossmutter kehrte von einem Besuch bei anderen alten Frauen zurück. Sie trat mit kräftigem Schritt ins Zelt, auch wenn sich ihr Rücken in den vergangenen Jahren immer mehr gebeugt hatte. Auch die Knochen an ihren fahlen Wangen traten immer mehr hervor. Sie kam herein, das schwarze Tuch zum Schutz gegen die Windstösse aus dem Norden fest um den Kopf gebunden. Neben Tamîma hockte sie sich nieder und beschloss, sich an der Attacke zu beteiligen. Tamîma reichte ihr ein Glas schaumgekrönten Tee. Sie nippte daran.

»Möge deine Überzeugung siegreich sein«, pflichtete sie Tamîma bei. »Bei Gott, mach ihr klar, dass niemand in unserem Stamme so lange lebt wie Noah. Ich möchte ihre Kinder sehen, bevor ich sterbe. Habe ich denn nicht das Recht, mich am Sohn meiner Enkelin zu erfreuen, wie andere alte Frauen? Ihr seid noch jung. Ihr wisst noch nicht, ein wie grossartiges Kind das Enkelkind ist. Grossartiger ist nur noch das Kind des Enkelkindes. Wie glücklich eine alte Frau ist, die lange genug lebt, um das Kind ihres Enkelkindes in den Armen zu wiegen!« Sie seufzte und schlürfte von ihrem Tee. »Tasîdert knausert mir gegenüber mit dieser Wohltat«, fuhr sie fort. »Sie will sie mir vorenthalten. Ich bin müde. Hilf mir, Tamîma. Hilf mir, um Gottes willen.«

Tasîdert stand auf und zog die beiden auf ein anderes Gebiet. Sie lenkte ihre Aufmerksamkeit aber nicht aufs Wetter, sondern auf die Wüste.

»Grossmutter wiederholt dauernd, dass jeder, der unter einem Dach wohnt oder sich auf einem Stück Land niederlässt, ein Sklave ist«, erklärte sie ihrer Freundin. »Ohne die Wüste gäbe es keine Freiheit, behauptet sie. Nur ein Wanderer in Gottes weiter Wüste könnte frei sein. Hast du je so etwas gehört?«

Insgeheim dachte sie an etwas anderes. Jener mysteriöse Gedanke durchfuhr sie, der ihr immer wieder eine brutale Gleichung offenbarte: Die Freiheit ist die Wüste, und die Wüste ist die Dürre. Der Tod. Also ist die Freiheit der Tod. Wann immer dieser Gedanke aus ihrem Herzen emporbrach, dachte sie an die erwartete Flut. Dann bemächtigte sich ihrer ein rauschhaftes Zittern. Inzwischen war dieser Gedanke in ihrem Herzen zu einem unverbrüchlichen Versprechen geworden. Ihr Geheimnis.

10

Auch die Grossmutter pries ihr fremde junge Männer an, nachdem sie nicht imstande gewesen war, sie zu überreden, einen Sohn des eigenen Stammes zu nehmen. Die Söhne der Ifôghas seien ja eigentlich keine Fremden, sagte sie und erinnerte daran, dass ihre Mutter zu jenem Stamm gehört habe. Sie seien also ihre Verwandten mütterlicherseits, und die Ehe mit einem Cousin mütterlicherseits sei immer glücklich.

Als sie Tasîderts Desinteresse bemerkte, erzählte sie begeistert aufregende Geschichten von fantastischen Heldentaten, die die fremden Ritter vollbracht hätten. Dazu wählte sie die mondklaren Nächte, ging mit der Enkelin hinaus vor das Zelt, nahe dem Pferch für Ziegen und Schafe. Dort setzte sie sich, schob ihre Hände und ihre Füsse in die kühle Erde und begann mit ihren Heldengeschichten. Keinen Stamm liess sie dabei aus, keinen Clan irgendwo in der Grossen Wüste. Und für jeden Helden fand sie eine ruhmvolle und preiswürdige Schlacht. Dabei flocht sie da einen Vers, dort ein sehnsuchtsvolles Lied ein, was Tasîdert faszinierte, weil sie nie geglaubt hatte, dass die Grossmutter eine solche Menge von Gedichten auswendig kannte. Und jede Geschichte schloss die Grossmutter mit dem Hinweis ab, sie habe Nachricht erhalten von einem der Edlen des Stammes, der für seinen wackeren Sohn um Tasîderts Hand angehalten habe. Oft trog sie auch ihr Gedächtnis, und sie vergass, dass sie die gleichen Vorgänge schon in Geschichten über Freier aus anderen Stämmen untergebracht hatte. Sie fügte Dinge in die Heldengeschichten, die sie früher einmal, als Tasîdert noch ein kleines Mädchen war, als Märchen erzählt hatte. Und oft gelang es Tasîdert nicht, ihr Lachen in Husten zu verwandeln; es brach als wildes Gelächter hervor, worauf die Grossmutter indigniert die

Lippen zusammenzog und schwieg – nur um die Attacke am folgenden Tag wieder aufzunehmen.

Eines Nachts verlor Tasîdert die Selbstbeherrschung und brach, nachdem die alte Frau einen Fehler gemacht hatte, in freches Gelächter aus. Die Reaktion der Grossmutter war schrecklich. Sie schwieg plötzlich, wandte ihr Gesicht hinüber zum Pferch und zog ihre Hände aus dem nächtlich kühlen Sand. Sie zog ihr schwarzes Tuch übers Gesicht, wodurch sie in der Finsternis des Neumonds aussah wie ein elendes Gespenst, und mit einer Stimme, die aus den Tiefen eines Brunnens hervorzukommen schien, sagte sie: »Ich hätte so gern gesehen ...« Sie sprach den Satz nicht zuende. Ihr kleiner, zusammengekauerter Körper sah in der kahlen Weite noch winziger aus.

»Und ich hätte so gern die Flut gesehen! Erzähl mir lieber von den Fluten!« rief Tasîdert mit einer Erbarmungslosigkeit, deren Ursache sie selbst nicht verstand.

Danach erzählte die alte Frau keine Heldengeschichten mehr. Sie begann die Seherin in ihrem Zelt aufzusuchen. Doch stellte sie diese Besuche wieder ein und fing an, nachts einen Hügel zu ersteigen, der sich in der kahlen Weite südlich der Behausungen erhob und für den die Kinder den Namen »Derwischglatzkopf« erfunden hatten, obwohl weder jemand wusste, inwieweit dieser Hügel der Glatze eines Derwischs glich, noch ob Derwischglatzen sich von denen anderer Verständiger des Stammes unterscheiden.

Die Leute übernahmen den Namen. Die alte Frau fühlte sich nach der Enttäuschung gedrängt, einige finstere Nächte auf dem Hügel zu verbringen. Die Seherin hatte keinen Hinweis auf eine Rettung vor der Katastrophe gefunden.

Mehrmals vermochte sich die Grossmutter auf den Hügel wegzustehlen, ohne dass Tasîdert ihr Verschwinden bemerkte. Doch eines Nachts, als Tasîdert hinausging, um ihr Bedürfnis zu verrichten, erblickte sie eine hagere, gebeugte Gestalt, die durch die leere Weite geisterte. Sie glaubte, es handle sich um eines dieser Gespenster vom Dschebel al-Hassâwina. Deshalb wandte sie sich ab und sprach den Thronvers, doch das Gespenst verschwand nicht. Im Gegenteil, es kam ganz unverfroren näher. Sie blieb stehen und erwartete, es werde sie schlagen oder bespucken oder eine provozierende Bewegung machen. Doch das Gespenst wandte sich nicht um, sondern ging weiter. Erst am Eingang des Zeltes blieb es stehen. Als Tasîdert zum Zelt zurückkehrte, fand sie dort das Gespenst, das auf sie wartete: es war ihre Grossmutter. Als sie sie fragte, warum sie zu dieser Zeit draussen in der Spukwüste umherstreife, antwortete die alte Frau nicht. Sie murmelte nur ein paar Zaubersprüche und verschwand dann unter ihrer Decke in einer Ecke des Zeltes neben dem Wasserbalg.

In der folgenden Nacht heftete sich Tasîdert der Grossmutter an die Fersen und folgte ihr zum Hügel. Am Abhang hockte sie sich nieder und beobachtete die alte Frau. Diese rieb sich an einem runden Edebni, einem Ahnengrab, dessen Öffnung ein wenig erhöht war. Danach bettete sie ihren Kopf darauf und schlief ein. Es überraschte Tasîdert, dass sie nie zuvor das Edebni auf der Derwischglatze wahrgenommen hatte. Sie hatte nicht daran gedacht, dass die Bewohner der Wüste immer nur in der Umgebung eines Edebnis lagern. Sagt man doch, wer nicht in der Nähe der Gräber der Altvordern weilt, lebt blind, lebt ohne Beachtung der Machenschaften des Schicksals und setzt sein Leben so grösster Gefahr aus.

Am folgenden Morgen suchte Tasîdert eine schwarze Nachbarin auf, um sich bei ihr über dieses Ritual zu erkundigen.

»Das Edebni kündet vom Verschwundenen«, erzählte ihr die weise Negerin lachend und offenbarte dabei ihren zahnlosen Mund. »Ist in der Wüste etwas so verschwunden wie der Regen?«

»Kann das Edebni etwa von den Fluten künden?«

»Wer sonst könnte davon künden?«

Dann machte sie Tee und ermunterte Tasîdert dazu, ihren Körper einem Mann zu geben, bevor er welke und schlaff werde und die Würmer ihn frässen. Gott habe der Frau nicht einen schönen Körper geschenkt, damit sie ihn für sich selbst aufbewahre, sondern damit sie ihn einem Mann gebe. Als sie Tasîderts Desinteresse bemerkte, fügte sie tröstend hinzu: »Die Flut wird kommen. Wohin könnte sie fliegen? Glaubst du, du wärest allein mit dieser Leidenschaft? Die Wüste sehnt sich mehr danach als du. Ihr Boden hechelt danach. Er leidet an ihrem Ausbleiben mehr als du. Gedulde dich. Wo könnte sie schon hinfliegen?«

Einige Tage später fragte die Grossmutter sie: »Versprichst du mir, einen Mann zu wählen, wenn der Regen die Flut bringt?«

Ihr Herz pochte. Sie konnte seine Schläge hören. Sie dachte an ihr Versprechen. Sie dachte an die brutale Gleichung und flüsterte: »Ich verspreche es.«

»Davon habe ich geträumt, dieses Versprechen von dir zu hören, bevor ich sterbe«, sagte die Grossmutter seufzend.

Konnte es da überraschen, dass sie einige Tage später starb? Niemand kennt besser die Absichten des Schicksals als die alten Frauen in der Wüste.

11

Rkk … rkk … rkk … glkk … glkk … glkk …

Diesen letzten Laut ahmte Tasîdert besonders gern nach. Er komme der Sprache des Wassers am nächsten, fand sie, seinem geheimnisvollen Gespräch mit den Steinen und den Bäumen. Welch liebliches Geplätscher! Welch liebliches Wasser!

Sie befreite sich von ihren Sandalen und betrat den Fluss, schritt mit blossen Füssen gegen die Strömung. Dann blieb sie stehen und lauschte dem Plätschern, ahmte das rätselhafte Geräusch nach, betrachtete die seltsame Flüssigkeit. Bückte sich. Versuchte, eine Farbe zu erkennen, einen Geruch wahrzunehmen, einen Geschmack zu finden. Es gab weder Farbe noch Geruch, noch Geschmack. Und doch löschte das Wasser die Flamme der Sonne und belebte den seit tausend Jahren toten Boden. Es war wie nichts, und war doch alles. Das Einfachste, und doch das Leben selbst. Was wäre das Leben ohne Wasser, das fliesst?

Es gefiel ihr, wie es mit ihren Füssen tändelte. Sie lachte über das kecke Streicheln des Wassers. Versuchte, sein Geheimnis in seiner dunklen Sprache zu ergründen. Doch das Rätsel wurde immer rätselhafter. Und ihr Herz wurde ihm immer geneigter.

Das Wadi teilte das Lager in zwei Hälften. Die Leute sammelten sich auf beiden Seiten. Die Menge wurde immer dichter. Stimmen erschallten, man rief einander zu. Dann erhob sich ein Jubeltriller, heiss wie ein Donner. Ihm folgten Kindergeschrei und Ziegengemecker.

Von Norden bliesen frische Brisen heran. Regenbeladener Wind. Sie öffnete sich ihm, genoss ihn zum erstenmal. Schaute hinauf und sah ein weiteres Wunder. Die Sonnenscheibe war endgültig gelöscht. Die Sonne war verdeckt von dichten Wolken, die sich majestätisch langsam bewegten und Richtung Süden glitten. Dann, dann erhellte sich der Horizont mit Feuerdrähten. Sie leuchteten einen Augenblick lang auf und verschwanden, kaum waren sie erschienen. Der Blitz. Das war der Blitz. Doch sie hörte kein Donnergrollen. Das Aufleuchten des Blitzes sei immer mit Donner verbunden, erzählte man. Und an noch eine Aussage ihrer Grossmutter erinnerte sie sich: »Wenn du einen Blitz siehst und keinen Donner hörst, ist das ein gutes Omen.« Sie hörte keinen Donner. Sie hörte jemanden rufen: »He da, he da, raus aus dem Wadi! Das Wasser steigt. Die Flut kommt! Gib acht auf die Flut!«

Sie lachte. Ihr Herz pochte vor Freude. War das die Glückseligkeit? Sie kniete nieder im Wasser. Das magische Nass spielte mit ihren Knien. Grub darunter. Die Knie versanken im Grund. Das Wasser schlich sich unter ihr Kleid, kitzelte ihren rechten Schenkel, griff dann dreist auch nach ihrem linken Bein. Sie lachte und beugte sich nach vorn, um das Geräusch zu hören. Es trieb, es strömte. Sie berührte das Wasser mit ihren zärtlichen Lippen, durstig wie die Erde seit tausend Jahren. Sie liess die kecke Flüssigkeit mit ihren Lippen spielen, und sie empfing einen langen, tändelnden Kuss, einen Kuss, beladen mit der Sehnsucht von tausend Jahren. Dann zog sie ihre Lippen zurück und fühlte einen Schwindel. Sie öffnete die Augen, aus denen die Tränen flossen und sich mit dem Wasser vermischten. Noch mehr Freude überflutete ihr Herz. Und aus ihren Augen tropften unablässig die Tränen.

Das Wasser stieg.

Die Strömung wurde kräftiger und heftiger, das klare Wasser trüber. Es trug Stroh, Kot und Lehm heran. Sie klammerte sich an die Erde, doch das schlaue Wasser grub unter ihr und zog an ihr. Es umfloss sie und schloss sie in seine Arme. Reichte ihr schon bis an die Hüfte.

Sie beugte sich nieder, um zu trinken. Trank lange. Das Wasser war trübe. Sie richtete sich auf, spuckte Kot, Erde und Ziegenmist. Ihr Durst war ungelöscht, ja, er wurde immer wilder. Ein unbekanntes Feuer loderte auf, ein erbarmungsloser Durst verbrannte ihr Innerstes. Ein weiteres Mal beugte sie sich über das trübe Wasser und trank gierig davon.

Ein weiteres Mal spuckte sie eine Mischung aus Kot, Lehm und Stroh aus.

Das Wasser rang mit ihr, versuchte, sie niederzuwerfen. Sie klammerte sich an eine Ginstersträhne. Gewann ihr Gleichgewicht zurück und richtete sich auf. Doch das Wasser grub in der Erde, im Versuch, sie von neuem zu Fall zu bringen. Sie lachte. Sank wieder auf die Knie. Ihr Herz loderte sehnsuchtsvoll, durstig.

Sie begann ihre Kleider auszuziehen.

Sie befreite sich von ihrem Umhang. Die Strömung nahm ihn auf und riss ihn weg. Das Wasser schien wilder und gewalttätiger zu werden. Sie zerriss ihr weites Kleid. Sie zerriss es dort, wo es um den Hals lag, und spaltete es in zwei grosse Stücke. Trennte sich vom rechten Teil. Das Wasser schnappte danach und verschlang es. Sie schaute ihm zu, wie es in der wilden Flut versank. Dann fütterte sie die Flut mit dem anderen Teil. Nun stand sie völlig nackt da. Von Zeit zu Zeit hielt sie sich am Ginster, um ihr Gleichgewicht zu bewahren. Der Donner grollte. Sie hörte es genau. Ein vielversprechender Donner. Schrecklich. Er überdeckte das Getöse der Flut.

Sie kniete nieder, und der Strom umarmte sie. Er machte sich über ihren nackten jungfräulichen Körper her, überflutete sie mit seiner Sehnsucht. Sie warf ihren Kopf zurück. Das Wasser erreichte ihren Nacken und liess ihre Zöpfe versinken. Sie lockerte ihren Griff und löste sich von dem Ginsterbusch. Da nahm der Strom sie auf und zog sie mit. Sie fühlte sich leicht, wie eine Feder im Wind. Der weiche Strom umfasste sehnsuchtsvoll den jungfräulichen Körper. Frei glitt sie dahin mit der Strömung, die Stroh und Kot mit sich riss, die die jungfräuliche Erde durchpflügte mit der Kraft eines liebenden Dämons, der mit seiner Geliebten in unbekannte Gefilde entflieht.

Moskau, 1989

Der Herbst des Derwischs

1

Frühmorgens kam er zum Zelt des Stammesführers. Am Eingang räusperte er sich zweimal, erhielt aber keine Antwort. Er zog das Tuch beiseite und streckte den Kopf hinein. Drinnen war es finster, verlassen und still. Er schritt ums Zelt herum. Dabei stiess er an einen Pflock, stolperte und drohte dem Holzstück mit dem Finger. Dann setzte er seinen Weg fort. Auch aussen um das Zelt lag ein Kreis aus Leere, Verlassenheit und Stille. Er liess seinen Blick in die Wüste wandern. Die leere Weite führte ihn weg. Sie zog sich dahin, pflanzte sich weiter und weiter fort, bis an den Horizontbogen. Doch auch dort, bei dem geheimnisvollen Barsach, Grenzlinie zwischen Himmel und Wüste, hielt sie nicht inne, sondern dehnte sich weiter und weiter aus entlang dem gespannten Bogen, der zu beiden Seiten an den Kreis gebunden war. Sie liess sich vom Feuerbrand eines Gottes waschen, dessen Geburt bevorstand, Rätselhaftes versprechend. Der Derwisch erwartete den Gott des Lichts, der neugeboren aus dem jungfräulichen Bogen emporbrechen sollte. Aber eine störende Gestalt kam ihm zuvor und pflanzte sich dazwischen. Anfangs erschien sie wie eine Fliege auf dem Kamm eines Ginsterbaumes in der Flut der Dämmerung. Hätte er nicht wie üblich in aller Ruhe die erhabene Geburt betrachtet, so hätte er in der Gestalt nicht eine Kreatur auf zwei Füssen erkannt, die in der Flut des Feuerbrandes badete und sich der schmerzlichen Distanz entgegenstellte, unverwüstlich wie die ewigen Wanderer.

Die Wüste atmete Kälte. Vom Reich des Nordens kam ein Bote, den die Pflanzen in den Tälern mit einem traurigen Tanz empfingen. Der Ginster wiegte sich und offenbarte dem Ankömmling Haarlocken, die schmächtig und welk herabhingen. Die stolze Akazie dagegen schwankte nicht wie die anderen Pflanzen und wiegte sich auch nicht demütig wie der Ginster, sondern verband sich mit dem Boten des Nordens zu sehnsuchtsvollem Gesang, der alle Kreatur ergötzte. Die Folge der Jahreszeiten betreffe sie nicht, entgegnete sie auf die Botschaft. Sagt doch das Gesetz der Ahnen, dass die Folge der Tage und der Wechsel der Verhältnisse ein Fluch sind, der den nicht trifft, der sich absondert und die Einsamkeit pflegt. Ein neuer, heftiger Windstoss fuhr heran, und die Steine heulten auf, die Pflanzen in den Tälern jammerten, ebenso die Ginsterbäume. Aus dem Pelz der stolzen Akazie stieg eine kummervolle Weise. Der Besucher nahm den traurigen Rhythmus auf. Er setzte sich hinter das Zelt und betrachtete den Horizont. Er erwartete die Silhouette und horchte auf den Ruf im Gesang.

2

Die Gestalt näherte sich. Der Besucher eilte ihr entgegen und rief schon von Ferne: »Amghâr*, wisst Ihr was? Gestern hat mich der Bote aufgesucht und hat mich den Ruf vernehmen lassen. Heute morgen kam er nochmals und wiederholte den Ruf. Ich kann nicht mehr bleiben, Amghâr. Für mich ist die Zeit gekommen, Euch die Hand zum Abschied zu reichen.«

* Tamâhakwort mit der Bedeutung: alter Mann, Scheich, Vater, Ahn, Stammesführer.

Der Stammesführer hielt inne. Seine Augen schimmerten bedrückt. Das Ende des Gesichtstuches hing herab, und die Scham wurde sichtbar, der Grund für die Vertreibung des Ahnherrn aus den Gärten des Wâw. Er zog das Ende wieder nach oben, verdeckte die Blösse und verbarg mit ihr ebenfalls die gebogene Nase. Er erwiderte nichts. Er unterdrückte einen vorschnellen Ausruf, der den heiligen Morgen zu gefährden und die scheue Stille zu verletzen drohte. Er trat näher. Hielt wiederum inne. Lächelte. Bückte sich. Beugte sich zum Ohr des Besuchers und fragte flüsternd: »Hat dir jemand Böses getan?«

»Ja gibt es unter den Menschen etwas anderes als Böses?«

Der Stammesführer nickte zustimmend, und der Besucher erläuterte: »Wahr ist, ich kann nicht mehr bleiben.« Er ballte die Faust und schlug sich auf die schmächtige Brust. »Hier ist ein Brand entflammt, nachdem mich der Bote zum erstenmal aufgesucht hatte. Und er wird nicht erlöschen, bis ich dem Ruf gefolgt bin. Ihr wisst es.«

»Aber erträgt es der Derwisch des Stammes denn, fern vom Stamm zu sein? Erträgt der Derwisch die Trennung von der Heimat? Vermag er in der Heimat der Fremden zu leben?«

»Ich weiss es nicht. Ich weiss es wirklich nicht. Ich habe keine Erfahrung mit dem Leben in der Fremde. Aber wie kann ich bleiben, solange mir der Ruf in den Ohren klingt und in meiner Brust der Brand lodert?«

»Glaubst du denn, dass der Bote nur dich allein mit dem Ruf bedacht hat? Weisst du nicht, dass viele im Stamm über dasselbe Leiden klagen, aber dagegen ankämpfen? Ich will es dir hier und jetzt gestehen: Auch mich hat der Bote gestern aufgesucht und mir die ganze Nacht den Ruf in die Ohren gesungen. O welch ergreifendes Lied! Wie verführerisch! Und kannst du erraten, was ich getan habe, um der Verführung zu entgehen?«

Der Derwisch senkte den Kopf. Er verbarg seine Hände auf dem Rücken und lenkte sich ein, zwei, drei Augenblicke damit ab, dass er seine Sandalen betrachtete. Dann hob er den Blick zum Horizont, der in tiefroter, jungfräulicher Flut schwamm. Er konzentrierte sich auf die Schau des Gottes, der aus dem rätselhaften Barsach geboren wurde, der die Grenze durchbrach, über die weder Zeit noch Raum Macht besitzen. Er betrachtete ihn, der im Licht badete, sich einen unerreichbaren Weg bahnte, um – aus seinem Barsach, schwebend im Unbekannten – einen Faden von Licht in sein, des Derwischs, Auge zu senden. Das Auge funkelte und das Lichtkorn rollte und fiel gleich einer kleinen Perle auf die Sandale.

»Ich bin kurz vor dem Morgengrauen hinaus in die leere Weite gegangen«, fuhr der Stammesführer fort, »ich bin weit gewandert, bin lange marschiert. Dort habe ich die Verführung begraben und bin, wie du siehst, von meinem Marsch befreit zurückgekehrt. Warum gehst du nicht auch hinaus in die leere Weite und lässt deine Absicht, ins Land der Fremden zu ziehen, fallen?«

Der Derwisch stiess mit seiner Sandale einen Stein fort. Er holte seine Hände hinter seinem Rücken hervor und kreuzte sie auf seiner mageren Brust. Er wand sich vor dem Stammesführer. Dann legte er seine Hände wieder auf den Rücken und faltete sie dort. »Ich bin kein Stammesführer,

Amghâr«, sagte er. »Ich bin wirklich kein Stammesführer. Stammesführer können jede Heimsuchung draussen in der leeren Weite begraben. Ich aber besitze nicht die Fertigkeit der Stammesführer, auch nicht ihren Verstand oder ihre Entschlossenheit.«

Nun herrschte Schweigen. Der Stammesführer ging in Richtung des Zelts. Er schritt ein Stückweit, war schon fast dort, doch dann hielt er inne, drehte sich zum Derwisch um und drohte ihm mit dem Finger: »Du scherzest, wie es deine Gewohnheit ist. Du wirst niemals wegziehen. Ich weiss es. Du wirst mir niemals die Hand zum Abschied reichen. Ich weiss es. Wie oft schon hast du gedroht, den Stamm zu verlassen und in ferne Länder zu ziehen? Ha, gib's zu, du Elender! Du willst gar nicht weg. Ich weiss es.« Er lachte. »Du Satansbraten, du beliebst zu scherzen wie die kleinen Buben.« Er lachte nochmals. »Das ist der Herbst. Der Herbst bringt Kopfweh und Trübsinn mit sich.«

Nochmals lachte er, doch der Derwisch unterbrach ihn mit einer langsamen Handbewegung, als wollte er vor ihm ein Schwert zücken. Dann öffnete er die Faust und wartete mit gesenktem Haupt. Er wartete lange. Als die Hand des Stammesführers die seine berührte, durchlief ihn ein Schauder. Er schaute auf und sah in seinem Auge eine grosse Träne.

3

Der Derwisch ging von Zelt zu Zelt, um dem Stamm Lebewohl zu sagen.

Er stieg in ein Tälchen hinab, das sich durchs Lager zog und auf dessen Grund sich stolze Akazien festklammerten.

Unter dem Pelz der Bäume hatte sich eine Menschenmenge versammelt. Er versuchte, sie zu umgehen. Doch sie hatten ihn schon erblickt und umringten ihn.

»Ist es wirklich wahr, was wir gehört haben?« fragte der Grösste unter ihnen.

»Was habt ihr denn gehört?«

»Man erzählt, du hättest wieder einmal die Absicht, uns zu verlassen.«

Alle lachten.

»Mein Gott, wie rasch sich doch Neuigkeiten in diesem Stamm herumsprechen«, sagte der Derwisch. »Ich habe mich ja erst gerade beim Stammesführer verabschiedet. Hat euch das der Wind mitgeteilt?«

Aus der Menge stürzte ein fetter Mann hervor. »Ja, ja, warum es leugnen?« rief er. »Es war wieder dieser Wind, der dir nachts den Ruf zuträgt, damit du uns am Tag mit deiner Reiserei Kopfschmerzen bereitest.«

Alle brachen in ordinäres Gelächter aus. Der Derwisch murmelte einen Koranvers und bat für sie laut um Vergebung. Dann erklärte er: »Aber ich scherze nicht. Ich werde tatsächlich fortziehen. Ich bin gekommen, euch Lebewohl zu sagen.«

»Ja, ja, die Vögel oder der Wind oder die Dschinnen haben's uns erzählt«, spottete der Fette, »denn wer fliegt nicht alles mit einer Neuigkeit durch die Wüste. Du hast wirklich die Absicht fortzureisen, weit fort. Die Vögel haben uns berichtet, du würdest uns verlassen und nach Timbuktu ziehen. Der Wind hat uns mitgeteilt, du würdest uns verlassen und nach Tamanrasset ziehen. Allein die Dschinnen meldeten, du würdest nach Wâw ziehen. Wir haben alles geglaubt und an nichts gezweifelt. Aber wie kommt es, dass ich keinen Sattel auf einem Mehri sehe und keine Karawane im Aufbruch?«

Alle liessen wieder ihr vulgäres Lachen hören. Der Derwisch traf Anstalten weiterzugehen, doch der lange Lulatsch hielt ihn auf: »Lassen wir die Reiserei! Das ist eine alte Geschichte. Erzähl uns lieber von den Mädchen. Mir haben die Vögel gezwitschert, dass Dschamîla in mich verliebt ist. Und die Dschinnen haben mir zugeflüstert, sie hätte Poesie zum Lob meines Schwertes beim jüngsten Kampf gesprochen. Der Wind wehte mir ein paar Zeilen heran. Ist Dschamîla wirklich in mich verliebt, Derwisch?«

Doch der Angesprochene schalt ihn: »Wer allein wegzuziehen beabsichtigt, schenkt Liebesgeschichten keine Aufmerksamkeit mehr.«

»Warte, warte doch. Soll ich dir ein paar Zeilen vortragen, damit du mir glaubst?«

Der Derwisch ging. Die Menge kreischte ein weiteres Mal vor Lachen. Als er sich schon ein Stück entfernt hatte, hörte er, wie ihm jemand hinterherrief: »Wenn Wâw dir seine Tore öffnet, lass eines davon offen, damit ich dir nachkommen kann.«

4

Er ging von Zelt zu Zelt. Sagte den Scheichen, den Alten und den Jungen Lebewohl. Die Scheiche wollten ihm nicht glauben. Die Dichterin sprach über seine angeblichen Reisen kummervolle Gedichte. Die schlauen Bürschchen spotteten über seine Absicht. Als er sich zum Zelt des Sehers begab, um sich auch von ihm zu verabschieden, rannten die Schlingel hinter ihm her, um mit ihm Schabernack zu treiben und den geheimnisvollen Boten zu schmähen. Schliesslich sangen sie gemeinsam ein Lied, das die Absicht aufzubrechen pries, selbst wenn sie nichts anderes wäre als eine Illusion des Derwischs. Er stimmte mit ihnen in das Loblied ein und wiegte sich im Rhythmus, ja, er tanzte sogar. Am Ende holte er eine Handvoll Datteln aus der Tasche und verteilte sie unter ihnen. Dabei lachte er und forderte sie schliesslich auf zu gehen. Die Buben gingen, während er dastand und ihnen nachschaute, bis sie verschwunden waren. Dann bedeckte er seine Augen mit beiden Händen und würgte schluchzend an einem rätselhaften Schmerz.

5

Der Seher sass im Schatten seines Zeltes, geschützt vor der Abendsonne. Vor ihm lag ein altes Stück Tierhaut, vollgezeichnet mit Symbolen. Es glich jenen Tierhautstücken, um die die Schatzsucher kämpften, die vom Ozean her in die Wüste kamen. Der Seher blieb über die rätselhafte Tierhaut gebeugt. Der Derwisch wartete lange, doch als der Seher ihm allzulange keine Aufmerksamkeit schenkte, fragte er ihn, ob das ein Schatzplan sei.

Der Seher hob seine Augen, auf denen ein weisser Schleier lag, den jene Törichten abstossend finden, die nicht wissen, dass Seher nur der werden kann, dem die Sterne den Glanz aus den Augen geraubt haben. Er starrte den Derwisch aus leeren Höhlen an, in denen dieser den Saft des Skarabäus sah, mit dem die Zauberer die Augen der Blinden behandeln. Schliesslich lächelte der Seher. »Hast du je einen Seher mit einem Schatzplan in der Hand getroffen?« fragte er.

Der Derwisch lachte. »Ja, ich habe einen Seher gekannt, der nichts anderes im Sinn hatte als Schatzpläne. Aber ich gebe zu, es war ein falscher Seher.«

»Siehst du! Aber ein Seher ist kein solcher, wenn er ein falscher ist.« Er faltete das Stück Tierhaut und schielte dabei unter seinem Gesichtstuch hervor insgeheim auf den Derwisch. »Ich werde den Durst deiner Neugier löschen. Der Fetzen hier enthält eine sehr alte Botschaft.«

»Eigentlich bin ich gekommen, um …«

»Ich weiss, ich weiss«, unterbrach ihn der Seher. »Ich wäre ja wohl kein Seher, wenn ich nicht wüsste, dass du gekommen bist, um mir Lebewohl zu sagen, um dem alten Ruf zu folgen.«

»Hat dich die Nachricht auch schon erreicht? Und ich habe geglaubt, allein das Volk, das beim Stammesführer herumschnüffelt, hätte es erfahren. Mir gegenüber behaupteten sie jedoch, die Vögel, der Wind und die Dschinnen hätten ihnen gemeinsam die Neuigkeit überbracht.«

»Hat etwa jedes Geschöpf das gleiche Recht wie der Seher, Nachrichten von den Vögeln, den Dschinnen, dem Wind zu erhalten? Hast du vergessen, dass wir die Prophezeiung nirgends so gut lesen können wie im Flug der Vögel, im Gesang des Windes oder im Geflüster der Dschinnen?«

Der Derwisch nickte zustimmend. Er zeichnete Symbole auf die Erde. Ein Schwarm Fliegen attackierte ihn. Die Sonne wanderte zum anderen Horizont und verschwand hinter dem fernen Berg. »Ich kann nicht länger bleiben«, sagte der Derwisch, ballte die Hand zur Faust und schlug sich auf die schmächtige Brust. »Hier ist ein Brand entflammt, nachdem mich der Bote zum erstenmal aufgesucht hat. Und er wird keine Ruhe geben, bis … Du weisst es.«

Der Seher betrachtete die sich endlos hinziehende kahle Weite mit seinen erloschenen Augen, auf denen der Schleier der Seher lag, die den Glanz als Opfer gebracht haben, da sie nachts mit den Sternen zu sprechen begehrten. Die leere Weite begann in der Flut des Dämmerlichts zu schwimmen und sich auf die Begegnung mit dem Abend vorzubereiten.

»Der Ruf im Lied ist stärker als ich«, sagte der Derwisch. »Ich habe ihn gestern im Wind gehört und konnte kein Auge mehr zutun. Ich muss gehen, verzeih mir.«

Plötzlich sprang er auf, streckte dem Seher die Hand hin. Doch dieser war noch nicht von seiner Reise in die leere Weite zurückgekehrt. Er schüttelte dem Derwisch nicht die Hand.

6

Der Derwisch schlenderte in der kahlen Weite umher und sah den Seher ihm folgen. Er stieg hinab in ein Wadi und versteckte sich hinter einem Ginsterbaum mit goldenen Strähnen. Zu seiner Überraschung stieg auch der Seher in das Wadi hinab und steuerte auf den Ginsterbaum zu. Da sprang er auf und rannte ein Stückweit das Wadi entlang, bog nach links ab und erklomm den Hang. Oben hielt er inne und betrachtete das Wadi. Er sah den Seher, der den Baum hinter sich gelassen hatte und ihm weiterhin raschen Fusses folgte. Da rannte er weiter zu den Zelten, schlüpfte in eines davon und versteckte sich in einem Winkel.

7

Der Seher suchte den Stammesführer auf.

Bis Mitternacht blieb er bei ihm. Die Neugierigen, die weder bei Nacht schlafen noch bei Tag ruhen, sahen ihn im Mondlicht aus dem Zelt des Stammesführers kommen, einen kompakten Ballen festgezwirbelter Stricke aus Ziegenhaar unter dem Arm. Er schlenderte durch die kahle Weite, blieb lange stehen und betrachtete den bleichen Mond. Dann kehrte er zu den Behausungen zurück und ging zwischen den Zelten umher. Ein paar Nachtschwärmer, auf die er stiess, fragte er, ob sie den Derwisch gesehen hätten. Zuletzt sei er bei ihnen gegen Mittag vorbeigekommen, erzählten sie. Er habe sich von ihnen verabschiedet, weil ihn wieder einmal das Reisefieber gepackt habe.

Als sie gehen wollten, hielt der Seher sie an und reichte ihnen einen Strick. »Wenn er euch über den Weg läuft, fesselt ihn damit, und wehe, ihr lasst ihn laufen.« Dann ging er weiter zu den Behausungen im Norden, während die Gruppe bedeutungsvolle Blicke wechselte. Und kaum war der Seher weitergegangen, brachen sie auch schon in wildes Gelächter aus.

»Was ist bloss mit dem Stamm los?« fragte einer. »Hat nun auch der Seher den Verstand verloren?«

8

Bevor er die Behausungen im Norden erreichte, traf er auf einen jungen Mann, der aus dem Zelt seiner Verehrten zurückkehrte. Als er auch ihn auf den Derwisch ansprach, erzählte er ihm, er habe ihn seit Tagen nicht gesehen. Dann berichtigte er sich: »Warte, es heisst, er habe die Absicht gehabt wegzugehen. Er soll von früh an die Leute aufgesucht und jedem einzelnen im Stamm die Hand zum Abschied gereicht haben. Glaubst du, er könnte uns wirklich verlassen und die Stämme der Fremden vorziehen?«

Der Seher antwortete nicht, aber er reichte auch dem jungen Mann einen Strick mit den Worten: »Wenn der Derwisch dir über den Weg läuft, dann binde ihn gut fest bis zum Morgen. Wehe dir, du lässt ihn laufen.«

Dann ging er weiter. Er erreichte die Behausungen im Norden, wo in der kahlen Weite ausserhalb des Lagers Männer und Frauen fröhlich beisammen sassen und den Vollmond feierten. Einige sangen hingebungsvoll, andere flüsterten den Mädchen inbrünstig Lügen ins Ohr, wieder andere ergötzten sich am Vortrag der neuesten Gedichte. Einige Schritte entfernt blieb er stehen. Der Gesang hielt inne. Die Verliebten hoben den Kopf vom Ohr der Geliebten. Die Dichter verstummten beim Vortrag der Gedichte. Als sie ihn mit Steinen bewarfen, trat er näher und fragte auch sie nach dem Derwisch. Und als sie versicherten, ihn seit Mittag nicht gesehen zu haben, gab er auch ihnen Stricke mit den Worten, wenn er ihnen über den Weg laufe, sollten sie ihn in Fesseln legen und ja nicht entkommen lassen.

In dieser Nacht betrat der Seher zahlreiche Zelte. Er weckte Scheiche, alte Männer und Kinder und fragte sie nach dem Derwisch. Und allen reichte er Stricke mit den Worten: »Wenn euch heute nacht der Derwisch über den Weg läuft, fesselt ihn und lasst ihn ja nicht entkommen.«

9

Der Derwisch blieb nicht nur während dieser Nacht aus dem Lager verschwunden, der Stamm vermisste ihn auch am folgenden Morgen. Da rief der Stammesführer die Edlen zusammen, beriet sich mit den Verständigen im Ratszelt und liess die im Lesen von Kamelspuren erfahrenen Hirten kommen.

Am Vormittag brach man auf. Die Hirten führten den gewaltigen Zug an. Ihnen folgte der Stammesführer, neben dem der Seher schritt. Diesen beiden folgten die Verständigen und eine Anzahl der Edlen.

»Habe ich dich nicht gestern schon gewarnt?« begann der Seher vorwurfsvoll. »Habe ich dir nicht ans Herz gelegt, Massnahmen zu ergreifen? Kann man unter diesen Umständen etwa mich tadeln? Ich habe allerorten gesucht. Ich habe alle, denen ich begegnete, befragt und habe jedem, den ich traf, einen Strick gegeben, so dass diese Elenden schon an meinem Verstand zweifelten. Was hätte ich darüber hinaus noch tun können?«

Der Stammesführer antwortete nicht. Hinter ihnen bemerkte einer der Verständigen: »Ich kann nur sagen, dass er getan hat, was er schon vor Zeiten hätte tun sollen. Ich meine, was er schon vor langer Zeit tun wollte. Die Ahnen warnen davor, die Äusserungen des Derwischs auf die leichte Schulter zu nehmen – nicht einmal eine scherzhafte Bemerkung zu einem Kind. Hat nicht das Anhi, das Gesetz unserer Ahnen, gesagt …«

Der Stammesführer drehte sich nach ihm um und hiess ihn mit einem strengen Blick schweigen. Die Hirten stiegen in ein dicht mit goldenem Ginster bewachsenes Wadi hinab. Der Zug folgte ihnen. Bei einem stolzen Ginsterbaum, der sich aus Erde einen erhabenen Thron gebaut hatte, hielten die Hirten inne. Der Baum ragte hoch auf und liess schamhaft die dichten Strähnen herabhängen. Doch der Himmel verzieh ihm nicht die Anmassung; er versagte ihm im Sommer den Regen und schickte im Herbst den Wind gegen ihn. Und so hatte das Grau den Weg in sein Haar gefunden, und er senkte gebrochen, gedemütigt und vergebungheischend den Kopf.

Dort sammelten sich die Hirten. Einer wandte sich an den Zug der Ältesten, ein alter Hirte, gross und hager, mit kupferfarbener Haut und nur noch wenigen, schadhaften Zähnen. »Die Spur sagt, dass er gestern, zu Beginn der Nacht, das Wadi durchquert hat.« Als der Stammesführer mit einer Geste um eine Erklärung bat, fuhr er fort: »Mäuse sind der Spur gefolgt und haben ganze Schritte verwischt. Doch diese Art kommt erst nach Mitternacht hervor.« Er neigte sich zum Ohr des Stammesführers und flüsterte ihm zu: »Drei Schritte haben die Mäuse von seinem Gang gefressen, und ich will Euch nicht verhehlen, Herr, dass das ein böses Omen ist, ein sehr böses.«

Der Stammesführer wandte sich dem Seher zu und sah in seinen Augen eine Sorge, ein Lächeln und eine Frage.

10

Die Hirten machten sich bereit, das Wadi Richtung Westen zu durchqueren. Doch der alte Hirte stoppte sie mit einem Zeichen seines Stockes. Er wandte sich an alle Ältesten. Der Stammesführer hielt an, und die Verständigen sammelten sich um ihn.

»Hier trennen sich die Wege«, sagte der Hirte. »Der Weg nach Tamanrasset verläuft in diese Richtung.« Er wies mit dem Stock in eine trostlose, kahle Weite, bedeckt mit tristen, von der Lava der Vulkane schwarzgebrannten Steinen. Sie dehnte und erstreckte sich, bis sie mit den Bergen verschmolz, deren Fuss in Fata-Morgana-Seen schwamm. »Er führt durch die Kluft, die ihr dort im Norden seht. Der Weg nach Aïr, Timbuktu und Adâgh dagegen geht nach links und führt in diese Richtung.« Er wies mit dem Stock in eine schreckliche Gegend, die erst an der Südseite des Berges endete, der überschwemmt war von den blauen Wassern des Sees. »Er führt durch die Kluft, die ihr dort im Süden seht.« Den Erläuterungen folgte Schweigen. Der Mittag näherte sich. Die Steine loderten geheimnisvoll. Das Wasser der fernen Seen breitete sich aus und ergoss sich rasch mit lügnerischer Zunge, um das Feuer der Steine zu löschen.

»Und wenn der Wanderer nun Wâw zum Ziel hat, welchen Weg muss er einschlagen?« fragte einer der Verständigen.

Der Stammesführer suchte nach ihm, doch der weise Hirte stützte sich mit beiden Händen auf den Knauf seines Stocks. Er folgte mit dem Blick der schrecklichen, leeren Weite, die den Zungen der Fata Morgana Widerstand leistete. In seinen Augen glänzten Tränen. Und die spöttische Frage beantwortete er mit dem Seufzer des uralten Kummers: *»Ee … ee … ee … ebrakka-n-Wâw etâmmer tênere Âdschîn?* Führt denn der Weg nach Wâw durch die Wüste?«

11

Angeführt von den Hirten, erklomm der Zug den Abhang, der aus dem Wadi führte. Die kahle Weite nahm sie auf, gleichmässig bedeckt mit einem Teppich aus Vulkangestein. Die Wüste keuchte Feuer. Sie empfing sie mit sengendem Atem. In einiger Entfernung tauchte ein einzelner Akazienbaum auf, dessen Stamm von den Fata-Morgana-Seen verschlungen war. Nur der stolze Pelz war zu sehen. Die Schar marschierte weiter. Als sie sich der Akazie näherten, offenbarte sie ihnen auch ihren Stamm. In diesem weihevollen Schweigen, in dem nichts zu hören war als der Tritt der Füsse gegen die Steine, tauchte das Scheusal auf. Es kam hervor aus einem Bau, angelegt unter einem Stein, der aufragte wie das Abbild einer Eidechse, und rannte los, um ihnen die unheilvolle Botschaft entgegenzuschleudern. Es blockierte ihnen den Weg. Der Stammesführer hielt inne, ebenso im selben Augenblick der Seher. Sie erstarrten. Schauten ins Leere. Wechselten keine Blicke, wie sie es sonst gern taten. Ein geheimnisvolles Raunen durchlief die Schar der Verständigen. Einige schraken zurück und machten kehrt. Auch die Hirten liefen auseinander, noch vor den Verständigen. Der weise Alte brach zusammen und stürzte zu Boden. Er ergriff einen lodernden Stein, torkelte nach Norden und nach Süden und sang: »*Têrsast, têrsast, têrsast.* Der Hase, der Hase, der Hase.« Dann klagte er mit lauter Stimme: »*Tákunt tâgh wála hâs addobêgh.* Gegen diese Heimsuchung habe ich kein Mittel.« Er sank auf die flammenden Steine und begann sich zu winden.

12

Nur der Seher liess sich nicht schrecken. Er ging mit langsamen, weitausholenden Schritten weiter. Durchquerte erhobenen Hauptes das Steinfeld, den Blick in die unbekannte Leere gerichtet, zu den Gipfeln der Berge oder auf den Pelz der Akazie, von dem ihn nur noch ein paar Schritte trennten.

Unter der Akazie blieb er lange stehen. Starrte lange mit seinen leeren Augen in die Leere. Dann kehrte er mit einer Prophezeiung zurück. Schliesslich beugte er sich über den mageren Körper, der da unter der einsamen Akazie lag. Mit der Hand verscheuchte er einen lästigen Schwarm Fliegen, die sich an seiner Kehle gesammelt hatten, um die sich ein majestätischer Halbmond aus Blut zog.

Am getrockneten Blut hafteten Sandkörner. Das Tuch war vom Hals gerutscht, aber es hatte auch einen Teil des Blutes aufgesogen. Der Kopf ruhte auf dem linken Arm. Er war nach oben gewandt, gen Himmel. Unter dem Tuch erschien das rechte Auge. Es starrte ins Leere und sprach von einer geheimnisvollen, schrecklichen Ergebung. Das linke war hinter dem Tuch verborgen. Der rechte Arm lag ausgestreckt an der Seite, als folgte er einem unbekannten Ruf. Die Finger hielten noch immer den Griff des nackten Dolches umfasst, dessen Zunge gefrässig blitzte.

Der Seher nahm den Körper auf. Er schien hager und leicht wie ein Bündel Stroh, das auf dem Wasser trieb. Er ging zurück, dorthin, wo der Stammesführer noch immer stand, zu dessen Füssen sich der alte Hirte wand. Der Stammesführer warf ihm rasch einen geheimnisvollen Blick zu, und der Hirte stiess klagend ein Vermächtnis aus, das dem

Gesetz der Ahnen entstammte: »Wenn der *Têrsast* dir den Weg versperrt, dann wird die böse Nachricht nicht säumen.«

Er schritt über eine quälende, von der Fata Morgana der Mittagshitze gewaschene kahle Weite. Sein Blick hing am Horizont, als wollte er in der Leere eine weitere Prophezeiung lesen. Er trug den mageren Körper wie ein Bündel Stroh. Denn er hatte beschlossen, ihn selbst einem unbekannten Gott zum Opfer zu bringen.

Thun, 1993

Die Geburtsstätte himmlischer Gesichte

Die Wüste … ist seit je eine Geburtsstätte himmlischer Gesichte gewesen.
Robert Musil, *Der Mann ohne Eigenschaften,* II, 46

1. Die Reise

Unaufhörlich zieht und dehnt sich die Wüste. Immens, erbarmungslos, endlos gebiert die kahle Weite an ihrem Saum einen quälenden Horizont, der stetig weiteren gebiert. Und je länger ihre Reise währt, desto ewiger wird der Horizont, desto beharrlicher gebiert er sich selbst fort. Dem Barsach, der sich zwischen der kahlen Weite und dem Horizont auftut, entquillt die Fata Morgana, neckend, unablässig zwinkernd, tändelnd, lockend. Die drei scheinen sich in geheimem Bund verschworen und abgesprochen zu haben, die Reise der beiden zur ewigen Wanderung zu machen. Und so erhebt sich, während Tagen und Tagen der Entgrenzung, der Entblössung und der Enthüllung, kein Hügel, offenbart der Horizont nie den Umriss eines Ginsterstrauchs, eines Akazienbaums, einer Gazellengestalt. Und nie hat die erhabene, leere Weite ein Einsehen: nie neigt sie sich, nie senkt sie sich, um hinab in ein Wadi zu führen. Weiter und weiter zieht sie sich, bedeckt mit einem Teppich aus Kieseln, gekleidet mit einer feinen Schicht von Steinen, verbrannt vom ewigen Feuer der Sonne. Auf dieser nackten, unerbittlichen Fläche wächst seit längst vergangenen Tagen kein einziger Grashalm.

Hoch oben wölbt sich ein kahler, harter Himmel, den nur von Zeit zu Zeit ein paar zahnlose Wolken durchbrechen. Bei Tage übt die Sonne ein tyrannisches Regiment, drohend mit Folter, unnatürlich und rebellisch gegen jene Zeit früh im Frühjahr. Bei Nacht herrschen die Sterne in grossen Trauben; sie tanzen vor Freude über das Verschwinden der Sonne, bis das Morgenlicht sie hinwegrafft.

Tagsüber reisten die zwei auf dem Rücken des Mehris. Der Vater sass auf dem Sattel vor dem Höcker. Dem Jungen hatte er einen bequemen Sitz hinter dem Höcker eingerichtet. Sie zogen auch bei Nacht weiter, im Mondlicht. Der Vater wanderte oft lieber zu Fuss. Dann führte er den Mehri und liess den Sohn oben sitzen, der Stille lauschend und gegen das Einschlafen ankämpfend.

Wenn der Vater auf dem Kamel sass, vertrieb er sich die Zeit gern mit Gesang.

Er seufzte dreimal schwer auf und hängte seinen Blick eine Zeitlang an den trotzigen Horizont. Seine Glieder entspannten sich, und er liess den Zügel spielen. Der Hals des Kamels lockerte sich. Das Tier streckte seinen Kopf nach vorn und schritt aus. Doch die kahle Ebene wollte kein Ende nehmen. Der Horizont unterwarf sich nicht. Die Fata Morgana lockte und spottete unaufhörlich. Dann stieg der einzige Laut auf, der über die kahle Weite siegt, der den Horizont in die Knie zwingt und die Fata Morgana festhält. Gedämpft, schüchtern, bedächtig und unheilverheissend, hob er sich, breitete sich aus und setzte sich fort in schwermütigem Gesang: D… i… i… i… da… a… a… h.

Und die Fata Morgana hielt inne, die kahle Weite wich zurück, der Himmel näherte sich der Erde, und der Wüstenplanet lauschte schweigend.

Der kummervolle väterliche Gesang währte lange.

Wenn er innehielt, kehrte die kahle Weite zurück, der Horizont setzte sich gebärend wieder fort, und die Fata Morgana tändelte niederträchtig-spöttisch mit der Zunge. Der Himmel entfernte sich, und die Wüste floh aus der Wüste. Die weglose Weite legte die Maske der Härte und der Erbarmungslosigkeit an. Die Reise ging weiter und weiter, und da blieb vom Lied nichts als allein der Schmerz. Lange noch nach dem Verklingen des Liedes war der Vater bedrückt. Er enthielt sich des Redens, manchmal bis das Reisesoll des Tages erfüllt war. Er überhörte die Fragen des Sohnes und verschwand ganz in der Stille. Den Blick an den unerbittlichen Horizont geheftet, sass er fest im Sattel, unempfänglich für die Spielereien der Fata Morgana.

Am zehnten Tag wurde es dem Jungen zuviel. »Ist es noch weit?« fragte er seinen Vater.

Dieser liess sich Zeit mit der Antwort: »Wolltest du etwa Wâw von einem Tag auf den anderen erreichen?«

»Ist es denn so weit bis dorthin?«

»Wâw ist weiter als Kano und näher als deine Halsschlagader.«

»Das verstehe ich nicht.«

»So formulieren es die Derwische, aber sicher ist es so oder so mühselig.«

»Das verstehe ich nicht.«

Der Vater schwieg. Er seufzte schwer, und seine Stimme erklang in einem schweren Lied.

Der Junge wollte sich für sein Drängen rechtfertigen. Er wartete, bis das Lied verklungen war, und sagte dann entschuldigend: »Ich wollte nur Grossvater so schnell wie möglich treffen, das war der Grund.«

»Ich weiss«, murmelte der Vater knapp.

Doch der Sohn gab sich nicht zufrieden. »Erzähl mir von Grossvater«, bat er am Abend.

»Ich habe ihn schon sehr lange nicht mehr gesehen.«

Am Horizont, im Barsach der kahlen Weite, erschien der obere Teil des Vollmonds. Der Junge betrachtete, wie er sich emporschob. Als er sich vollendet und vom Griff der Wüste befreit hatte, bettelte der Junge: »Erzähl mir von Wâw.«

»Wâw ist eine verlorene Heimat.«

»Verloren?«

»Ja, aber das heisst nicht, dass es nicht seine Tore öffnet, um diejenigen zu empfangen, die ernsthaft nach ihm suchen. Sobald du ermattest, entflieht es dir, und nur mit Geduld wirst du es erreichen.«

»Und du, bist du schon einmal in Wâw gewesen?«

Der Vater schwieg einen Augenblick. »Wie soll ich dir das erklären«, sagte er dann. »Wâw ist eine einzigartige Heimat, es ist vielfältig. Mancher trägt es in seinem Herzen, wenn er umherzieht. Andere verbringen ihr ganzes Leben auf der Suche danach.« Er räusperte sich heftig und fuhr dann fort: »Aber lass das. Ich wollte eben nicht fortgehen und dich allein in der Oase zurücklassen. Denn wenn ich Wâw tatsächlich erreiche, wird es schwierig, von dort wieder wegzugehen.«

»Und warum?«

»Was soll ich da sagen? Jedes Land hat seine Eigenschaften, und das ist eben eine seiner Eigenschaften. Aber sag mir …« Er hielt inne, bevor er fortfuhr. »… bist du etwa nicht glücklich, dass ich dich mitgenommen habe und nicht allein nach Wâw aufgebrochen bin?«

»Doch, doch.«

»Bist du noch nicht erschöpft von der Reise?«

»Nein, nein.«

»Das freut mich. Ich habe immer gewusst, dass du nicht aufgeben würdest. Ein Mann muss lernen, mit der Erschöpfung fertigzuwerden, wenn er zur Wüste gehören will.«

»Das hast du mir schon oft gesagt.«

»Und ich werde nie müde werden, es zu wiederholen.«

»Aber du hast mir noch nie von Wâw erzählt. Grossmutter sagt, das sei die Heimat der Dschinnen.«

»Die Bewohner der Oasen sehen in der Wüste immer nur die Dschinnen. Sie behaupten sogar, die Bewohner der Wüste seien Gespenster.«

Der Sohn prustete. »Grossmutter sagt das auch.«

»Hör nicht darauf, was sie sagt. Du solltest dir etwas darauf einbilden, zur Wüste zu gehören. Bist du stolz darauf, ein Sohn der Wüste zu sein?«

»Natürlich«, antwortete der Sohn, ohne zu zögern.

»Das freut mich. Das bedeutet, dass Wâw dir seine Tore öffnen wird.« Als der Junge schwieg, fuhr er fort: »Das wird den Wächter freuen. Er soll nämlich die Tore nur denen öffnen, die die Wüste lieben.«

»Wirklich? Ich habe gedacht, das Tor würde immer von der Schlange bewacht.«

»Schlange oder Natter oder Echse. Die Maske ist nicht von Bedeutung. Der Wächter schätzt es, sich derart zu verkleiden.«

»Du hast mir aber einmal erzählt, die Schlange sei ein Feind, weil sie den Urahn aus seiner Heimat Wâw verjagt hat.«

»Feind und Freund. Feind, weil sie uns verjagt hat. Freund, weil sie mit uns Umherirrenden Mitleid hat und uns die Tore von Wâw öffnet, wann immer sie will.«

Der Junge kratzte sich am Kopf, den das Haar wie ein Hahnenkamm zweiteilte. »Was wollen die Leute eigentlich in Wâw?« fragte er nach einem Zögern.

»Das weiss ich nicht. Der Wüstenbewohner leidet am Vergessen, seit er von dort weggegangen ist. Das Vergessen ist der Fluch der Vertriebenen.«

»Sind sie denn glücklich dort?«

»Ganz ohne Zweifel. Wären sie nicht glücklich, würde die Sehnsucht und der Wunsch zurückzukehren sie nicht umbringen.«

»Grossmutter sagt, die Bewohner der Wüste seien elend und Wâw gäbe es gar nicht.«

»Hör nicht auf deine Grossmutter, wenn du zur Wüste gehören willst. Die Bewohner der Oasen sagen das, weil sie Knechte sind.«

»Als wir gegangen sind, hat sie mir noch gesagt: ›Denk dran, Wâw ist eine Fata Morgana. Dein Vater ist verloren. Er weiss nicht, was er will.‹ Das hat sie gesagt.«

Der Vater schwieg. Er lauschte der Stille. Der Mond stand schon hoch am Himmel. »Sie sagte das, weil sie nicht wollte, dass du mich nach Wâw begleitest«, fuhr er schliesslich fort. »Deine Grossmutter will dich an die Erde fesseln, damit du ein Knecht wirst wie sie.«

»Das verstehe ich nicht.«

»Das kannst du nur schwer verstehen, solange du kein Wüstenbewohner geworden bist. Aber denk daran, dass jeder, der eine Hacke in die Hand nimmt und die Erde bearbeitet, ein Knecht ist. Jeder, der sich eine Hütte baut und neben einer Quelle wohnt, ist ein Knecht.«

»Warum, Papa?«

»Das kannst du nur schwer verstehen, solange du kein Wüstenbewohner geworden bist. Der Mensch in der Wüste kann nur eines von zwei Dingen sein: entweder eine Palme, die fest in der Erde verwurzelt ist, oder der Südwind, der ständig unterwegs ist. Der Bauer ist die Palme. Der Wüstenbewohner ist der Südwind, der nie innehält zu wandern. Welcher von beiden ist nun edler?«

»Der Südwind.«

»Da hast du recht. Und was würdest du wählen?«

»Den Südwind.«

»Da hast du auch recht.«

Der Vater schwieg, ebenso der Sohn. Der Mond war noch ein paar Handbreit höher geklettert. Die Wüste lag in majestätischer Stille.

»Der Bauer ist kein Knecht, weil er die Erde liebt«, sagte der Vater rätselhaft, »sondern weil er in der Hütte hockt und darauf wartet, dass die Erde ihm Gutes tut.«

»Gutes?« rief der Junge überrascht.

»Jeder, der auf eine Gabe wartet, ist ein Knecht. Die Gabe ist eine Fessel, selbst dann, wenn sie von der Erde stammt.«

Der Junge erwiderte nichts.

»Das ganze Leben des Bauern ist ein Warten auf eine Gabe, auf das Brot, auf den giftigen Bissen.«

»Giftig?« rief der Junge entrüstet.

»Jeder Bissen, der den Mann zum Knecht macht, ist ein Gift, schlimmer als das Gift der Schlange.«

»Und der Wüstenbewohner? Wartet er nicht auf die Gabe der Erde?«

»Überhaupt nicht. Der Wüstenbewohner bedeckt sich mit dem sternenübersäten Himmel und bettet sein Haupt auf die offene, kahle Weite. Er wandert umher wie die Gazelle. Er beugt sich keinem Ort. Er ist frei und ungebunden wie der Vogel und wartet nicht in einer Hütte auf die Erntezeit.«

Von Norden wehte der Meereswind heran. Der Vater straffte den Zügel so heftig, dass das Kamel vor Schmerz aufschrie. Er sprang mit einem Satz ab, und während er das Tier niederknien liess, sagte er: »Hier werden wir die Nacht verbringen.«

2. Der Stammesführer

Monate vor dem Aufbruch hatte er den Stammesführer aufgesucht.

Er fand ihn auf dem Kelim hockend, Schatten suchend vor dem Feuer der Sonne in einer Senke auf der Ostseite des Zeltes. Er scharrte mit einem Schürhaken in der Feuerstelle und war dabei, den Abendtee zu kochen. Die beiden sassen lange zusammen und sprachen über alles mögliche: die Dürre und die Meldungen über die Fluten; den Hunger und den Handel; die Unternehmungen und die Überfälle der feindlichen Stämme; das Edle und die Schande; die Wüsten und die Oasen; die Tapferkeit und die Feigheit; das Anhi der Erde und das Wâw des Himmels; die Freiheit und die Demütigung; das Leben und den Tod.

Als die Dunkelheit herankroch, schnitt er ein neues Thema an. »Wir haben gerade über die Hässlichkeit der

Knechtschaft gesprochen ...«, begann er, brach den Satz jedoch ab. Erst als der Stammesführer ihn fragend anschaute, fuhr er fort: »Es stimmt, ich will nicht, dass mein Sohn Feldarbeit betreibt und meine Nachkommen zu Gefangenen der Erde werden.«

Der Stammesführer zeichnete mit dem Schürhaken rätselhafte Symbole auf den Boden. Seine Augen offenbarten ein nachsichtiges Lächeln. Das Lächeln eines geduldigen Weisen, der einen boshaften Jungen besänftigen will. Plötzlich hob er den Kopf und sagte knapp: »Wir alle streben zur Erde. Selbst wenn der Knecht zum Himmel fliegt, kehrt er doch zur Erde zurück. Es gibt kein Geschöpf, das freier wäre als der Vogel, und doch stirbt er auf der Erde.«

»Warte!« rief er aus, als hätte er diesen Einwand erwartet. »Was ich sagen will, ist nicht als Kritik oder Missachtung der Erde gedacht. Aber es ist nun doch ein Unterschied, ob man wie ein Vogel in der weiten Wüste umherwandert und umherzieht oder ob man mit dem Pflug das Gesicht der Mutter zerreisst und sich dann in die Hütte hockt und lauert, ob sie Gutes hervorbringt.« Der Stammesführer lächelte ein weiteres Mal, und so fuhr er mit seinen Vergleichen von Himmel und Erde fort. »Wenn der Lehmkloss einst ermattet und vergeht, wenn die Stunde näherrückt, in der sich der Vogel des Lichts von seiner Last befreit, nimmt sich die Erde nichts als den Knochenhaufen. Der Vogel dagegen fliegt nach Wâw.«

»Ich verstehe die Sprache des Kadirîja-Ordens nicht, entgegnete der Stammesführer, »aber die Leidenschaft für die Wüste hat mich nicht, wie dich, gelehrt, die Erde zu verachten.«

»Das ist keine Verachtung der Erde. Es ist nur eine Verachtung der Knechtschaft. Die Palme ist stolz, geduldig, nachsichtig. Du bewirfst sie mit einem Stein, und sie gibt dir dafür eine frische Frucht. Aber ihre Wurzeln sind an den Boden gebunden. Das Geheimnis liegt in den Wurzeln.«

Der Stammesführer fuchtelte mit dem Schürhaken vor seinem Gesicht herum. »Jawohl, das Geheimnis liegt in den Wurzeln.«

»Ich wollte eigentlich sagen, dass es die Wurzeln der Unterwürfigkeit sind.«

»Warum sagst du nicht, die Wurzeln des Lebens? Ohne diese Wurzeln könnte sie dich nicht mit Frischem nähren.«

»Ach, wenn doch die Palme ohne Wurzeln wäre.«

»Alles hat seinen Preis. Die Wurzeln, die in der Luft schweben, geben keine Datteln.«

Er wankte wie ein Besessener, bevor er gequält hervorbrachte: »Erbarmungslos sind die Wurzeln, die uns die Datteln geben und unseren Händen Fesseln anlegen! Erbarmungslos sind die Wurzeln, die uns Leben spenden, uns dafür aber an eine Kette legen, die länger ist als siebzig Ellen! Schön wäre die Palme, stolz und schön, wenn sie in der Luft schweben könnte!«

»Und wie würdest du die Höhlung füllen, die du zwischen Nabel und Brust trägst?« fragte der Stammesführer.

Aber sein Gegenüber weilte in anderen Sphären. »Ich würde hungern«, sagte er. »Ich würde hungern wie die Derwische des Kadirîja-Ordens.«

»Der Hunger würde dich zwingen, die Palme als Gast der Erde anzuerkennen.«

»Der Ordensscheich sagt, der Hunger helfe dem Vogel und erlöse ihn aus der Knechtschaft des Körpers. Ich habe in der Oase diese Erfahrung auch gemacht; ich war schon bereit zu fliegen. Doch der Ordensscheich hat mein Fasten abgebrochen und gesagt, die Zeit sei noch nicht reif. Der Jünger müsse eine Brücke namens Leben überqueren, wenn er denn auf dem kürzesten Weg zur Erlösung gelangen wolle.«

»Mir fehlt die Einsicht in die Geheimnisse des Kadirîja-Ordens. Sicher ist aber, dass du nicht imstande bist, die irdischen Wurzeln abzuschneiden, solange du auf Erden weilst. Die Fessel ist ein Tribut, den jedes Lebewesen bezahlt, solange es in der Lebensfessel ist.«

»Aber die Wüstenbewohner bezahlen diesen Tribut nicht.«

Hier lachte der Stammesführer zum erstenmal hörbar. »Wahrlich, sie bezahlen den Tribut nicht, aber sie leben auch nicht. Wer hat dir gesagt, dass die Wüstenbewohner lebendig sind?«

»Die Derwische sagen, sie seien Gespenster, und die Bauern behaupten, sie seien Dschinnen.«

Das rätselhafte Lächeln auf dem Gesicht des Stammesführers verschwand nicht. Die Dunkelheit breitete sich aus. Er schob sich an die Feuerstelle heran und versorgte sie mit Brennholz. Dann hockte er sich hin und begann, neuen Tee zu kochen. Plötzlich verdüsterte sich seine Miene. »Aber lassen wir jetzt einmal das Gesetz der Oasen beiseite«, sagte er, »und sprechen vom Credo der Wüste. Du weisst, dass der Stamm niemals den Sohn der Fremden annimmt, selbst wenn der Stammesführer das wollte.«

»Aber er ist mein Sohn«, entgegnete er vorwurfsvoll, doch der Stammesführer liess sich nicht erschüttern. »Der Sohn ist der Sohn seiner Mutter. Der Sohn folgt seiner Mutter, niemandem als seiner Mutter, auch wenn sein Vater der Stammesführer wäre. Das ist ein Gesetz, das wir von den Ahnen ererbt haben. Nicht der Stammesführer hat es erfunden.«

»Aber in der Oase geht er zugrunde«, flehte er. »Er wird zum Bauern, zum Knecht. Stört es dich denn nicht, wenn mein einziger Sohn dieser Demütigung ausgesetzt wird?«

»Ich habe das Gesetz nicht erfunden. Der Stammesführer hört in dem irrwitzigen Augenblick, da er den Bestimmungen der Altvordern zuwiderhandelt, auf, ein Stammesführer zu sein.«

»Aber du weisst, dass ich ein einsamer, kranker Wanderer bin und dass ich aus meinem Sohn nur innerhalb des Stammes einen Mann der Wüste machen kann. Ausserdem, ja, ausserdem vergiss nicht, dass er mutterlos ist. Er ist einsam wie ich.«

»Die Bestimmungen sagen, dass der Mann einen erbarmungslosen Preis zahlt, wenn er seiner Begierde folgt. Ich glaube, dass die Derwische des Kadirîja-Ordens auch etwas dieser Art behaupten. Ich will damit sagen, dass die Mannestugend verlangt, dass wir die Folgen der Begierde auf uns nehmen. Und du weisst selbst am besten, wann du den Fehler begangen hast.«

Nun schwiegen sie. Das Brennholz klagte im Feuer, und das Schweigen wurde immer drückender.

»Ich gebe zu, dass das ein Fehler war«, räumte er schliesslich ein, »aber ein zu rechtfertigender Fehler. Ich wohnte in der Oase, weil ich Wissen und Recht suchte. Und ein Mann kann nicht für immer ohne Frau bleiben, selbst wenn er es wollte.«

»Hier dürften wir unterschiedlicher Meinung sein. Ich halte es für angemessen, dass der Mann sich keine Frau nimmt, wenn er keinen Knecht zeugen will.«

»Aber die Wüstenbewohner zeugen Nachwuchs für die Freiheit.«

»Nachwuchs für die kahle Weite, für die Vergänglichkeit«, erwiderte der Stammesführer heftig. »Was ist denn die Freiheit, wenn nicht Vergänglichkeit? Was ist denn die Wüste, wenn nicht Vergänglichkeit? Wir sind uns doch wohl darin einig, dass der Wüstenbewohner eine Brise im Wind ist, ein Staub in der Vergänglichkeit? Wir sind uns doch wohl darin einig, dass der Wüstenbewohner genau aus diesem Grunde nicht wirklich lebt?« Er schwieg und fügte dann mit Nachdruck hinzu: »Wer von einer fremden Frau Nachkommenschaft erhält, muss den Preis mit Gleichmut entrichten.«

»Ein erbarmungsloser Preis, wenn er Knechtschaft bedeutet.«

»Was ist denn erbarmungsloser: die Knechtschaft oder die Vergänglichkeit?«

»Die Knechtschaft«, antwortete er, ohne zu zögern. »Jawohl, die Knechtschaft, verehrter Herr Stammesführer.«

Nach einigen Augenblicken des Schweigens nahm der Stammesführer das Gespräch wieder auf. »Ich weiss, dass der Scheich des Ordens dir die Wüste in leuchtenden Farben dargestellt hat, dass er dir die Vergänglichkeit als eine Gnade geschildert hat. Die Anhänger des Kadirîja-Ordens sollen ja in der Vergänglichkeit eine Gnade erblicken. Sie haben in den Himmeln nach der Vergänglichkeit gesucht, bis sie sie auf Erden fanden, in der Wüste. Einige lieben die Wüste heisser als selbst die Bewohner der Wüste. Das hat dich betört und dich zum Aufbruch bewogen.«

»Nichts anderes als die Wüste selbst hat mich zum Aufbruch bewogen. In der Wüste liegt das Heilmittel für meine Krankheit.«

»Es gibt kein Heilmittel für eine Krankheit, die im Herzen liegt.« Der Stammesführer goss den Tee auf. »Es gibt auch keinen Schutz für die Nachkommenschaft vor der Knechtschaft«, fügte er noch hinzu, »ausser der Unterdrückung der Leidenschaft und der Enthaltsamkeit von der Frau.«

»Das hast du richtig gesagt«, rief er zustimmend. »Die eheliche Verbindung ist der Ursprung der Heimsuchung. Aber glaube ja nicht, der Mann begehe diese Torheit immer aufgrund seiner Begierde. Viele Männer lassen sich allein darauf ein, weil sie es von ihren Vätern so kennen.«

»Und die Väter sagen, sie kennen es von den Grossvätern. Und die Grossväter sagen, es handle sich um eine göttliche Offenbarung, die das Leben vor dem Verschwinden bewahrt.«

»Dies ist die einzige göttliche Offenbarung, die der Mensch nicht glauben muss.«

»Gott bewahre!« Der Stammesführer reichte ihm in einem hölzernen Becher den schaumgekrönten Tee und rückte näher zu ihm. »Selbst wenn ich dem Gesetz zuwiderhandelte und ihn in den Stamm aufnähme, so würde er doch als Fremdling leben, als Knecht.«

»Als Knecht in der Wüste zu leben wird ihm leichter fallen, denn als Bauer in der Oase dahinzuvegetieren.«

»Du machst einen Fehler und übertrittst das weise Gesetz. Was ist denn die Mutter, wenn nicht die Erde? Alle Früchte reifen mit ihrer Hilfe. Jede Frucht ist ihr Kind. Den Samen trägt der Wind durch die Luft, doch die Datteln reifen an der Palme, die durch ihre Wurzeln fest mit der Erde verbunden ist. Auch die Rolle des Mannes ist eine vorübergehende. Warum also drehst du den Stab in der Hand des Gesetzes und bist nicht bereit, dich im Interesse der Mutter von dem Spross loszusagen, den sie geboren hat?«

»Aber du weisst doch, dass seine Mutter gestorben ist.«

Der Stammesführer lachte verächtlich. »Aber du weisst auch, dass sie in ihm lebendig ist.« Er rückte nochmals näher. Neigte seinen Kopf so weit nach vorne, dass ihm das Ende seines Turbantuches auf die Schulter fiel. »Ich werde dir ein Geheimnis offenbaren«, sagte er. »Das wird dir deine Entscheidung leichter machen, also höre!« Er schwieg plötzlich, hielt einen Augenblick inne und offenbarte dann das Geheimnis. »Du weisst sicher nicht, dass ich von einer Negerin eine Tochter habe.«

»Nein, das wusste ich nicht.«

»Ich verband mich mit ihr vor langer Zeit in Kano. Damals, ich war noch im Alter der Begierde und der Torheiten, brachte mich eine Handelsreise dorthin. Die Frau gefiel mir, und so ehelichte ich sie. Sie gebar eine Tochter. Diese steht heute unter dem Schutz eines Negers.«

»Nein.«

»Doch, doch. Ich habe auch eine schwarze Enkelin. Kannst du glauben, dass meine Enkelin eine Negerin ist?

Das ist der Preis, den ich für meine Leidenschaft bezahlt habe. Du siehst also, dass dein Unglück viel weniger gravierend ist.«

»Aber wie konntest du einwilligen, dass das Mädchen mit einem Dschungelbewohner verheiratet wird?«

»Was hätte ich tun sollen? Sie ist die Tochter der Dschungelbewohner. Ich wollte nicht dem Gesetz der Wüste zuwiderhandeln.«

»Ein erbarmungsloses Gesetz.«

»Du hältst es für erbarmungslos, ich halte es für weise. Selbst wenn ich ihm zuwidergehandelt und das Mädchen in den Stamm gebracht hätte, wäre sein Los nicht besser gewesen. Niemand als ein Neger würde sie zur Ehefrau nehmen. So zog ich es vor, den geringeren Preis zu bezahlen und meine Schande dort zu begraben.«

Nun schwiegen sie beide.

Nur das Holz im Feuer klagte.

3. Der Aufbruch

Wenn er als Junge mit den Ziegen draussen auf den Weiden war, setzte er sich immer auf einen Hügel, beobachtete den verwirrenden Horizont und klagte. Als das Klagen nie ein Ende nahm, erzählten es die Kameraden seinem Vater, und dieser nahm ihn sich in einer vollmondbeherrschten Nacht nach dem Abendessen vor.

»Suche nichts hinter dem Horizont, mein Junge. Der Horizont ist der Verbündete der Fata Morgana. Sie tuscheln miteinander, sie verschwören sich und sie schmieden Ränke. Ja, sie lauern dir auf.« Als der Sohn nichts erwiderte, fuhr der alte Mann fort: »Der Horizont ist wie der Sachrak

Ebrâden, jenes bunte Vögelchen, das die Kinder in die Wüste lockt.« Er beobachtete seinen Sohn lange im Licht des Vollmonds, doch dieser sagte nichts, und so fuhr er fort: »Glaubst du mir nicht? Frag den Seher über den Horizont, wenn du mir nicht glaubst.«

Er ging nicht, den Seher zu fragen. Der Seher kam zu ihm. Er stieg zu ihm auf den Hügel, nachdem er, zwischen den Ginsterbäumen im Wadi versteckt, seinem Klagen gelauscht hatte. Erst stand er lange neben ihm, dann hockte er sich nieder und begann zu sprechen. »Wir alle lieben den Horizont. Wir alle erheben sehnsuchtsvolle Klagen über das, was hinter der Wüste liegt.« Er schwieg einen Augenblick und fragte dann plötzlich: »Sehnst du dich wie ich nach dem Unbekannten?«

Als er nickte, stellte der Prophet des Unsichtbaren die nächste Frage: »Sprichst du Poesie?«

Der Junge verneinte mit einer Kopfbewegung, worauf ihm der Seher vorschlug, es doch einmal zu versuchen. »Die Poesie ist die Sprache des Unbekannten. Die Poesie ist die Stimme der Paradiesjungfrauen. Das Murmeln der Dschinnenfrauen. Die Klage des Südwinds. Das Geheimnis der Trüffeln. Der Wink der Blüte am Ginsterbaum. Der Wüstenbewohner kann der mit dem Horizont verschworenen Fata Morgana nicht Herr werden ohne Poesie.«

Der Junge schwieg weiter, also fragte der Bote: »Fasziniert dich das abendliche Singen und Erzählen?« Als der Junge mit einer Kopfbewegung verneinte, schlug ihm der Kenner des Unbekannten vor, es doch mit Ekstase, mit Musik und Tanz zu versuchen. »Auch das ist heilsam. Die Ekstase ist auch eine Gnade.«

Doch der Junge sprach keine Poesie und besuchte nicht die abendlichen Feste der Mädchen, um ihre Gesänge zu hören und in Ekstase zu fallen. Er zog es vor, hinauszugehen und den Blick an den Horizont zu heften. Und die Sehnsucht wuchs und wurde immer heftiger.

Als er etwas älter geworden war, warnte ihn der weiseste unter den Hirten: »Hüte dich! Die Wüste ist ein einzigartiger Planet. Wer ihn verlässt, ist verloren. Und weisst du warum?« Er warf sich eine Handvoll Tabak in den Mund, biss rasch noch ein Natronstück ab und begann, alles zusammen zu kauen. Dann verriet er es ihm, während er das Band um den Tabaksbeutel festmachte. »Weil die Grenzen der Wüste der Abgrund sind, von dem die Rechtsgelehrten sprechen. Jenseits der Wüste ist nichts als der Abgrund. Das musst du wissen. Also hüte dich!«

Aber die Verlockung wegzugehen war stärker, und er hütete sich nicht.

Er zog hinaus mit einer Karawane, um den Horizont aufzusuchen. Die Fata Morgana lächelte ihn an und übergab ihn an weitere Horizonte. Sie versprach ihm immer mehr Horizonte, kokettierte, tändelte und streckte ihm spöttisch die Zunge heraus. Und jedesmal, wenn er sich ihr näherte, entfernte sie sich, genau wie der Sachrak Ebrâden bei seinen teuflisch schlauen Manövern und Spielereien.

Der Vater hatte recht: Die Fata Morgana und der Sachrak Ebrâden gehörten zusammen, waren Zwillinge, geschaffen, dieselben Ränke zu schmieden.

Er ging hinunter in die Oase.

Dort schloss er sich dem Kadirîja-Orden an, um den anderen Aufbruch zu erleben, den wirklichen Aufbruch, den Aufbruch aus der Finsternis, aus der Hölle des Körpers, und das Erreichen der Erkenntnis und der Seele. Hier erfuhr er von der Notwendigkeit des Aufbruchs. Auch der Scheich des Ordens sagte, der Aufbruch sei der Eckstein des Kadirîja-Ordens. Wer nämlich nicht aufbreche, werde keine Erfahrung machen, und wer keine Erfahrung mache, werde keine Erkenntnis gewinnen, und wer keine Erkenntnis gewinne, werde nicht das Elend erleben, und wer nie den Geschmack des Elends koste, werde nicht durchs Tor des Paradieses schreiten.

Er sprach viel mit ihm über die Sehnsucht, das Unbekannte, die Fata Morgana, den Gesang und über die Poesie, doch er versicherte ihm, alles beginne mit dem Aufbruch.

Um ihn dieses Geheimnis zu lehren, sperrte er ihn einen vollen Monat in eine finstere Zelle im Kloster. Danach öffnete er die Tür, erlaubte ihm herauszukommen und sagte: »Nicht wird aus der Finsternis der Seele treten, wer nicht gelernt hat, sich selbst gegenüberzutreten.« Lange Zeit später gestand er dem Scheich, dass dies die härteste Prüfung auf seiner ganzen Reise gewesen sei. Und er lächelte, wenn er das Geheimnisvolle in der Sprache des Scheichs hörte. Dieser rief dem eintretenden Jünger zu: »Hinaus!«, dem weggehenden dagegen: »Herein!« Diese Ausdrucksweise erinnerte ihn in ihrer Widersprüchlichkeit und ihrer Art, Dinge mit ihrem Gegenteil zu benennen, an die Methoden der Seher. Der Scheich las seine Gedanken und sagte zu ihm: »Wisse, dass wer zu dir hereinkommt, nie wahrhaft bei dir sein wird, solange er nicht aus seinem Gefängnis herauskommt, aus sich selbst. Und wisse, dass wer von dir weg, hinaus in die Welt geht, nie auf den rechten Weg gelangen und erfahren wird, was er sucht, solange er nicht in sich selbst gegen anderes gefeit ist.«

Nach drei Jahren der Ekstase, der Unterweisung und der Einschliessung war die Glut in seinem Herzen noch immer nicht erloschen. Als der Scheich das sah, sagte er zu ihm: »Auch der menschliche Kontakt ist Teil der Bemühung. Wer nie hinausgeht zu den Leuten, wird nie zum Tor des Paradieses gelangen. Geh also hinaus zu den Menschen, habe Umgang mit ihnen, lerne sie kennen und lebe erst einmal das Leben.«

Er ging hinaus zu den Menschen, und eine Frau wartete auf ihn.

Er wusste nicht, dass die Frau die erste Bedingung für den Aufbruch ist. Die Eheschliessung ist der andere Tribut, den jeder entrichtet, der mit den Menschen Umgang haben und das Leben leben möchte.

Er pflügte die Erde und machte sich die Landwirtschaft zum Metier. Er war eifrig bei seiner Arbeit und gewann das Vertrauen des Grundbesitzers. Dieser wurde ihm zum Freund und gab ihm seine einzige Tochter zur Frau. Er bemühte sich weitere Jahre um die Erde und um die Leute. Er lernte, was es heisst, zu pflanzen und in einer Hütte zu sitzen und auf die Wohltat der Erde zu warten. Und er lernte auch die Ähnlichkeit zwischen der Frau und der Erde kennen. Doch die Glut loderte wieder empor, und insgeheim nahm er sein Klagen wieder auf. Er war entschlossen, die Fessel zu zerreissen, entdeckte dann aber, dass die Frau ihn mit einer Kette festhielt, die länger war als siebzig Ellen. Sie gebar ihm einen Sohn, um ihn durch

Nachkommenschaft in Knechtschaft zu halten, ebenso wie die Erde versucht hatte, ihn durch Brot in Knechtschaft zu halten. Aber er entdeckte auch, dass die Sehnsucht wuchs und die Flamme mit jeder Fessel höher und heftiger aus der Glut emporloderte. Er mühte sich immer mehr, zog sich in die Einsamkeit des Oasensaums zurück und quälte sich viele Nächte, bevor die Flamme siegte und er beschloss, die Wurzeln durchzuschneiden.

Er begab sich zum Richter und liess sich ein Scheidungspapier, ein Erlösungsdokument, ausstellen. Er beauftragte einen der Bauern, es seiner Frau zu bringen, und kehrte zum Kloster zurück. Dort traf er sich mit dem Scheich des Kadirîja-Ordens, der mit seinem würdigen Bart spielte und mysteriös fragte: »Nun, wie fandest du die Welt da draussen?«

»Ganz fürchterlich«, erwiderte er schroff. »Schlimmer, als ich angenommen hatte.«

»So ist die Welt«, sagte der Scheich im selben mysteriösen Ton, »doch bleibt der Aufenthalt in ihr eine der Bedingungen.«

»Aber es ist eine der brutalsten Bedingungen«, entgegnete er zornig.

»Was hast du geglaubt?« sagte der Scheich nachsichtig. »Etwa, der Jünger könne am Tor der Gnade klopfen, ohne zunächst durch die Hölle der Menschen zu gehen? Hast du geglaubt, das Paradies sei so leicht zu gewinnen?«

Dann zog er eine Gebetskette hervor, deren Perlen aus Ebenholz gefertigt waren, und fügte in der Sprache des Ordens hinzu: »Der Weg vor dir ist aber noch lang, das musst du verstehen.«

Nun konnte er sich nicht mehr beherrschen. »Wirklich noch immer lang, Meister?« fragte er überrascht. »Ich habe geglaubt, ich …«

Der Scheich lächelte. Seine Finger hielten beim Spiel mit den Perlen der Gebetskette inne. Sein Lächeln wurde breiter. Seine ehrwürdigen Schultern zuckten. Er kämpfte gegen einen Lachanfall. Ja, der ehrwürdige Scheich lachte, lachte wahrhaftig und hörbar. Noch nie hatte er ihn lachen sehen. Noch nie hatte ihn irgend jemand lachen sehen. Nur lächeln. Das Lachen war nach seinem Gesetz Gotteslästerung. Das Lachen war schmutzig und des Teufels. Was liess ihn nun die Grenze des Verbotenen übertreten und vor Lachen glucksen?

Er wischte sich mit den Ärmeln seiner Gallabija die Tränen ab, bat Gott um Verzeihung, rezitierte ein paar Koranverse und fuhr dann fort: »Du hast mich zum Lachen gebracht. Das war nun wirklich nicht nötig, aber du bist ein Kind, ein grosses Kind. Doch das Kindsein schadet dem Manne nicht. Im Gegenteil, alle bedeutenden Männer sind grosse Kinder. Und das musst du auch wissen: Der Weg ist nicht nur noch lange nicht zuende, nein, er hat noch nicht einmal richtig begonnen. Der Weg ist noch weit.«

»Aber ich habe schon viel gelitten, Meister.«

»Ja und? Leiden ist Leben. Der Schmerz ist die Voraussetzung der Geburt.«

»Die Voraussetzung der Geburt?«

»Der Mensch wird geboren, um zu leiden. Der Mensch wird nur durch den Schmerz in Bewegung gesetzt. Und ohne zu leiden wird er kein weiteres Mal geboren.« Er schwieg, dann murmelte er zu sich selbst: »Das Leiden ist die Voraussetzung für die Ankunft. Wehe dem, der nicht leidet.«

»Wehe dem, der nicht leidet?«

Der Scheich lächelte ein weiteres Mal. »Wenn der Mensch nicht leidet«, sagte er dann, »ist er schon unwissend gestorben.«

»Die Menschen behaupten aber das Gegenteil. Sie sagen, wer ohne zu leiden stirbt, habe ein glückliches Leben gelebt.«

»Wenn die Menschen verstünden, was leiden heisst, wären sie nicht Irdische. Für den Jünger ist es aber nicht angemessen, in der tagtäglichen Sprache der Irdischen zu argumentieren.«

Das Gespräch stockte. Der Scheich schaute fragend zu ihm auf, und der Jünger wusste, dass er ein weiteres Mal seine Gedanken las.

»Auch das Weitergehen ist eine Form des Dschihâd«, sagte der Scheich. »Erzähl mir, was du zu tun beabsichtigst.«

»Wirklich?«

»Wenn dich die Sehnsucht überwältigt, so geh, denn sie ruft dich.«

»Wirklich?«

»Zieh los, geh, wandere über die Erde, durchquere sie, und halte nicht inne, bis sie dir das Tor öffnet.«

»Wirklich?«

Aber der Scheich hatte schon die Augen geschlossen und versank in der Andacht.

Er verliess die Oase und zog durch die Wüste. Das war Jahre her.

Seit jenem Tag währte die Reise.

Er hatte die gesamte Wüste durchstreift, doch er hielt nicht inne. Er schlief in der kahlen Weite oder nächtigte unter einem Baum und schweifte durch die Einsamkeit. Sobald er den Ruf des Einflüsterers vernahm, eilte er zum Kamel, sattelte es und überliess sich dem mit der Fata Morgana verbündeten Horizont. Während dieser Zeit wuchs der Sohn heran, und seine Mutter starb am Biss eines Skorpions. In der Absicht, seine Nachkommenschaft vor der Knechtschaft durch die Erde und dem Leid durch die Knechte zu bewahren, suchte er den Stammesführer auf, um sich mit ihm zu besprechen. Da erhielt er einen weiteren Schlag. Den Sohn in der Hand eines Stammes zurückzulassen, der im Sohn einer fremden Frau nur einen Knecht und einen Fremden sah, füllte ihn mit Entsetzen. Sollte er etwa die Knechtschaft des Bauern gegen die Knechtschaft durch den Stamm eintauschen, also vor der Flamme bei der Lohe Rettung suchen? War die Knechtung durch die Erde nicht leichter zu ertragen als diejenige durch die Menschen? War es nicht gnädiger und erträglicher, wenn er in der Hand der Grossmutter blieb?

Er streifte lange umher. Wanderte lange, bis er zu einer Entscheidung gelangte.

Wenn ich ihn nun nach Wâw mitnähme?

Er vernahm den Ruf im Säuseln des Südwinds. Im Geflüster der geheimnisvollen Sehnsucht. In der Einladung des Horizonts. In der spielerischen Verlockung der Fata Morgana. Zunächst ignorierte er ihn. Er hielt ihn missbilligend auf Distanz. Doch der Ruf wurde lauter. Da brach er wieder auf. Er zog zum Horizont, wie in früherer Zeit, wenn ihn eine Leidenschaft geplagt oder eine fixe Idee von ihm Besitz ergriffen hatte. In den ersten Tagen zog sich der Gedanke zurück, doch bald fand er sogar unterwegs den Weg zu ihm. Er hielt inne und beschloss, nach dem Mittel zu suchen, sich ihm zu stellen. Auf seiner Reise erfuhr er den Pfad nach Wâw. Seine lange Suche lehrte ihn, dass der Aufbruch der Preis für die Ankunft in Wâw ist. Die jungfräuliche Erde öffnete ihre Tore nur dem, der in sich den Mut fand, die Wüste zu verlassen. Im Land der Gesichte, der Stille und der ewigen Erlösung wurden nur die Mutigen anerkannt, die ihre Brust spalteten und ihm die Herzen öffneten und dafür Einlass erhielten in den verheissenen heiligen Raum. Dort würde ihm selbst und seiner Nachkommenschaft die Erlösung verbürgt. Sein Tropfen blieb nicht hinter ihm zurück, bedroht vom Gespenst der Knechtschaft. Er liess keine Nachkommenschaft zurück, über der drohend die Fessel hing. Wenn er ihn nach Wâw mitnähme, garantierte er ihm die Ruhe – und die ewige Erlösung.

4. Die Trüffeln

Gegen die Macht der Fata Morgana erhob sich eine Silhouette und wurde immer deutlicher. Sie schwamm in den Zungen der silbernen Mähne, die den Horizont überflutete, und wand sich mit den kokett satanischen Wogen. Lange gingen sie darauf zu. Die rote Erde wurde immer klarer sichtbar.

»Ist das auch eine von der Fata Morgana geschaffene Oase?« fragte der Junge, indem er zum Horizont wies.

Der Vater lächelte. »Die Fata Morgana hat versucht, sie zu verwischen und zu zerreissen, um daraus eine ihrer satanischen Oasen zu machen. Doch sie war dazu nicht imstande, weil wir sie mit unserer Beharrlichkeit überwunden haben.«

»Ist es eine wirkliche Oase?«

»Es ist der Rote Hügel.«

»Sind wir also schon in der Nähe von Wâw?«

»Ich glaube, dass das Gebiet von Wâw hinter dem Roten Hügel beginnt.«

»Wirklich?«

Der Hügel besiegte die Macht der Fata Morgana. Er richtete sich auf am Horizont, gekrönt von silbernen Feuerfetzen, die ungebärdig seinen Rücken emporkletterten. Die elenden Wogen leisteten noch Widerstand, bis die beiden die Senke erreichten und an den Fuss des Hügels kamen.

Es war Mittag. Ein Nordwind blies, beladen mit dem Wasser des fernen Meeres. Der Vater hatte den Jungen oben auf dem Mehri sitzen lassen, hinter dem Sattel, in das Fell des Höckers verkrallt.

Er selbst ging zu Fuss vor dem Kamel her. Er bog nach rechts ab, um den Roten Hügel zu überqueren.

Dahinter breitete sich das Paradies aus.

Am Fusse des Hügels erstreckte sich eine weite Senke. An deren Rändern, dicht bedeckt mit schwarzem Gestein, stand ein Gürtel aus rotem Sauerampfer. Weiter unten, an den wasserdurchfurchten Hängen, wuchs niedriges, dichtes Gras. Die Hänge gingen über in weite Flächen, die voller Kamille, Kresse, Beifuss und vieler anderer Pflanzen standen, deren Namen nicht einmal die Hirten kennen. Diese Flächen führten hinunter in Wadis, wo die Lotusbäume grünten, der Ginster blühte und dichtes, wildes Gestrüpp stand. Vögel zwitscherten. Kraniche stolzierten auf der grasbedeckten Ebene umher. Mit ihren roten Schnäbeln hackten sie auf der Suche nach Würmern die Erde, stolz auf ihren hohen Wuchs. Als sie den Hügel hinabstiegen, sah der Sohn plötzlich eine Gestalt. Sie tauchte aus dem Unterholz auf und sprang mit ein paar behenden Sätzen zum Saum der Ebene. Dort, in einiger Entfernung, blieb sie lauernd stehen und scharrte mit dem rechten Vorderhuf auf dem Lehmboden, eine Bewegung, die Spannung und Nervosität verriet. Ein graziles Geschöpf, schlank, hoch, bedeckt von einem goldenen Flaum. Unten am Bauch leuchtend weiss. Der Hals langgestreckt, dünn und hoch. Er endete in einem sanften, hübschen Köpfchen, das zwei nach oben gebogene Hörner krönten. Aus dem Kopf schauten zwei pechschwarze, erstaunte Augen hervor, die lange, ebenfalls schwarze Wimpern umrahmten. Einige Augenblicke beobachtete das Tier die beiden Ankömmlinge. Dann machte es kehrt und flog wie ein Pfeil über die Weite, bis es verschwand.

Der Sohn folgte ihm völlig verdutzt mit den Augen.

»Das war eine Gazelle«, erklärte ihm der Vater. »Hast du je ein Lamm gesehen, das schöner ist als eine Gazelle?« Der Sohn antwortete nicht, und so fuhr der Vater fort: »Das ist ein Geschöpf, das man nur an den Toren von Wâw antrifft.«

Der Ginster duftete, die Luft war erfüllt von den Wohlgerüchen der Blumen. Der Sohn atmete tief ein, bis ihm schwindlig wurde. Er schloss die Augen, um sich die Gazelle ins Gedächtnis zurückzurufen und sie für immer dort zu bewahren. Jedoch entfloh ihr Bild der Phantasie, wie sie selbst dem Blick entflohen war.

»Aber hast du nicht gesagt«, fragte er, »es sei die Schlange, die das Tor bewacht, nicht die Gazelle?«

Der Vater liess das Kamel niederknien und antwortete mit einem traurigen Lächeln: »Auf den Weiden in der Umgebung von Wâw grasen immer Gazellen. Aber den Wächter haben wir noch nicht erreicht.«

Sie verbrachten die Nacht auf der paradiesischen Ebene. Am Morgen begann die Trüffelsuche. Anfangs streiften sie gemeinsam über die weite Ebene. Der Duft pflanzte sich fort und schuf, verbunden mit dem Wind, den einzigartigen Geruch, den der Wüstenbewohner allein an der Schwelle von Wâw einzuatmen vermag. Und je stärker dieser Duft wurde und ihm in Wogen in die Nase drang, desto unsicherer ging der Junge. Ein rauschhafter Schwindel erfasste ihn. Diese Ekstase war es, die ihm die Tränen in die Augen trieb. Doch er verbarg das feuchte Glänzen vor seinem Vater. Die Vögel trällerten im Unterholz, während die Sonnenscheibe über die Linie des Horizontes emporstieg. Plötzlich brach vor ihnen ein Vogel hervor. Er erhob sich von seinem Bett im Gras und rannte auf langen, mageren Beinen davon. Ein faszinierendes Tier, klein, mit goldenem Gefieder, auf den Flügeln silberne Streifen, ein dunkelroter, gerader Schnabel. Einige Schritte von ihnen entfernt blieb er stehen und wartete. Der Junge rannte hinter ihm her, worauf der Vogel eine kurze Strecke weiterlief, wieder stehenblieb und abwartete.

»Pass auf!« rief der Vater. »Das ist der Sachrak Ebrâden.«

»Ist der Sachrak Ebrâden so sanft und so schön?«

»Darin liegt sein Geheimnis. Wie könnte er Kinder wie dich locken, wenn er nicht schön und sanft wäre?«

»Würde er mich in die weglose Weite führen, wie Grossmutter immer erzählt?«

»Ganz sicher, wenn du seiner Verführung erliegst und ihm folgst.«

»Hütet er auch das Tor von Wâw, wie die Gazelle und die Schlange?«

»Ja, auch der Sachrak Ebrâden ist ein Zeichen von Wâw.«

»Wird er uns nicht in die Irre führen?«

»Wir sind uns ja einig, dass wir ihm nicht hinterherlaufen werden.«

Als der Vater das Zögern des Sohnes sah, trat er zu ihm und nahm ihn bei der Hand. »Du solltest aufhören, ihn anzuschauen. Das verleitet dich nur, ihm hinterherzurennen. Und solange du deinen Blick nicht von ihm abwendest, wird er dich nicht loslassen. Er ist wie die Fata Morgana. Er ist eine Fata Morgana.«

Er zog ihn an der Hand, und beide bückten sich, um nach Trüffeln zu suchen.

»Wenn uns das Glück hold ist und wir auf Trüffeln stossen«, sagte der Vater, »werden sie dich den Vogel vergessen lassen.«

»Werden sie mich auch die Gazelle vergessen lassen?«

»Ja«, erwiderte der Vater nach einer Weile, »ich glaube, die Trüffeln sind das einzige, was dich sogar die Gazelle vergessen lassen kann.«

»Sind sie so köstlich?«

»Ich kann sie nicht in der Sprache der Wüstenbewohner benennen. ›Köstlich‹ jedenfalls reicht nicht aus, um die Frucht von Wâw zu beschreiben.«

Er suchte weiter, bückte sich und inspizierte sorgfältig die Erde. Er untersuchte das niedrige Gras und betrachtete die Risse in der Erde, aufmerksam wie ein professioneller Spurenleser. Der Junge folgte seinem Beispiel. Er bewegte sich neben ihm her, beobachtete ihn neugierig und versuchte, es ihm gleichzutun.

»Wie sieht denn eine Trüffel aus?« fragte er.

»Wie ein Juwel, das die Erde hervorbringt«, erklärte der Vater, »es kommt aus dem Boden auf der Suche nach Licht.«

»Wie kann denn die Erde ein Juwel hervorbringen?«

»Alle Juwelen entstammen der Erde.«

»Und warum streben sie nach dem Licht?«

»Weil sie sich nach dem Vater sehnen. Sie wollen den Vater schauen, der im Himmel wohnt.«

»Ihr Vater wohnt wirklich im Himmel?«

Der Vater schwieg. Übers Gras gebeugt, ging er langsam weiter, die Hände auf dem Rücken verschränkt. »Wurde denn die Erde nicht vom Regen genässt? Der Himmel schenkte ihr mit jedem Regentropfen das Leben.«

Doch der Sohn liess nicht locker. »Wieso will sie sich aber mit dem Himmel vereinigen?« fragte er.

Der Vater lächelte. »Alle Dinge, die auf Erden geboren werden, streben unentwegt danach, sich mit dem Himmel zu vereinigen. Auch der Mensch, den die Erde hervorbringt, strebt nach der Vereinigung mit dem Himmel. Alle irdischen Dinge glauben, der Ursprung liege im Himmel, im Licht.«

»Grossmutter sagt, im Himmel gebe es nichts als Leere und Wind.«

»Hör nicht auf deine Grossmutter.« Er schaute auf und hielt bei der Suche inne. Mit einem weitausholenden Blick betrachtete er die Umgebung. »Es wäre besser, wenn wir uns trennten. Die Trüffeln treten gern einzeln auf.«

»Einzeln?« rief der Sohn.

»Die Trüffel ist eine geheimnisvolle Frucht. Die Trüffel ist wie der Dschinn. Sie setzt sich ab und ist mit sich allein wie der Schatz. Einen Schatz finden auch nur Einzelgänger. Such du weiter auf der Ebene. Ich werde es an den Hängen probieren.«

»Aber ich weiss nicht, wie sie aussehen«, warf der Sohn ein.

»Du musst nicht unbedingt ihre Form kennen, um sie zu finden. Wenn du nur getrost weitergehst, so werden sie dir aus der Erde entgegenkommen. Habe ich dir nicht gesagt, sie glichen den Dschinnen?«

»Den Dschinnen?«

»Du wirst Risse im Fleisch der Erde entdecken. Bastionen aus Lehm. Das ist das Zeichen für den Schatz.«

Sie trennten sich. Der Sohn streifte weiter über die Ebene. Der Vater ging Richtung Norden, um die Einschnitte abzusuchen, die zum Roten Hügel hinaufführten. Sie suchten bis zum Abend, dann rief und winkte der Vater zum Zeichen froher Botschaft. Der Sohn rannte zu ihm, und der Vater nahm ihn bei der Hand und führte ihn zum Fundort des Schatzes. Der Junge beugte sich über eine kleine Lehmbeule am Saum des Hangs. Die rote Erde war aufgebrochen. Eine kreisrunde, rätselhafte Wölbung hatte sich gebildet, durchzogen von Rissen und Spalten. Sie trug auf ihrem Rücken – Auflehnung gegen die Macht der Erde – Steine und Kiesel. Die Erde versuchte zwar, ihren Spross zurückzuholen, und lud der geheimnisvollen Frucht Haufen von Erde und Lehm auf, doch das Leben triumphierte. Das mysteriöse Geschöpf zerriss die irdischen Windeln und reckte das Haupt, um das Licht zu schauen. Der obere Teil war sichtbar, doch die Schlange hatte schon auf der Lauer gelegen. Wieder war sie dem Menschen zuvorgekommen und hatte mit giftigen Zähnen ein Stück des oberen Teils abgebissen, um ihn zu hindern, ans Licht zu kommen, gen Himmel. Dann war sie mit dem Saft, der Frucht, dem Schatz der Ewigkeit, geflohen.

Der Vater verfolgte die abscheuliche Spur, das hässliche, getüpfelte Zeichen auf der Erde, Hinweis auf den ewigen Feind, der den Urvater verraten, ihm Wâw genommen und ihn ins Exil vertrieben hatte, damit er in Knechtschaft und Vergänglichkeit lebe. Die elende Schlange war ihm beim Schatz zuvorgekommen und hatte diesem die Jungfräulichkeit geraubt. Doch die Schlange hatte auch ein Geheimnis gebracht, hatte in die Trüffel, in die Frucht des Paradieses, einen Zauber gefügt, der ihm die Tore zur Urheimat erst öffnen würde, die Tore von Wâw.

Unbemerkt vom Sohn verwischte er mit seiner Sandale die Spur und sagte demütig: »Siehst du, es sieht aus wie ein Edebni, rund wie ein Ahnengrab?«

»Ein Edebni?«

Neben dem Schatz in der Erde sank er auf die Knie und sagte mit derselben Demut: »Das Edebni birgt die sterblichen Überreste der Ahnen, die Ruhestätte der Trüffeln verhüllt das Geheimnis, den einzigen Schlüssel, der nach Wâw führt.«

»Die Trüffeln sind wirklich der einzige Schlüssel?« rief der Junge.

Doch der Vater forderte ihn mit zitternden Händen auf, die Rituale der Enthüllung vorzunehmen. »Komm her!« flüsterte er feierlich.

Der Sohn trat einen Schritt näher. Der Vater nahm ihn bei der Hand. Seine scheue, zögernde Hand versank in der grossen, rauhen Hand, die angesichts des Schauders bebte, den jeder empfindet, der sich daran macht, ein Ahnengrab zu durchwühlen. Jeder, der die Decke von dem Schatz ziehen will, der seit Tausenden von Jahren begraben liegt. Es war das Beben, das den Besessenen im Augenblick der Ekstase überkommt, da er darauf wartet, das Antlitz Gottes zu schauen. Seine Hand streckte sich aus. Zwei Hände streckten sich aus wie eine einzige und entfernten die Decke. Das Stück Lehm brach ab, zerkrümelte aber nicht, sondern hielt zusammen, widerstand, obwohl die Erde trocken und jeglicher Feuchtigkeit bar war. Das geheimnisvolle Antlitz wurde sichtbar. Der Schleier wurde gelüftet. Im Licht leuchtete der Kopf nicht weiss. Er trug eine triste, dunkle Farbe. Sein majestätisches Licht war nach innen gerichtet, ins Unsichtbare, ins Unbekannte, das sich an einem Ort im Inneren, in der Tiefe, eingeigelt, in sich selbst zurückgezogen hatte, dorthin, wo es das Geheimnis berührt und seinen Glast, sein Mysterium und seine Majestät aus Gott schöpft.

Die Trüffel war von der dunkleren Art, deren Farbe eher zum Rot neigt.

Die Feierlichkeit des Augenblicks übertrug sich auf den noch unwissenden Sohn. »Sie ist rot«, rief er, »und ich hatte gedacht, sie wäre weiss.«

Der Vater betrachtete die wertvolle Spitze. Das geheimnisvolle Haupt, das Gott entgegenstrebte. Den Spross, der sich gegen die Macht der Erde auflehnte, voller Verlangen, den Lehmklumpen abzuschütteln und hinaus in die Freiheit zu treten. Er hielt bei der Freilegung inne und murmelte demütig: »Das Wasser hat die Farbe seines Behälters.«

»Das verstehe ich nicht.«

»Rot. Dunkel, wie der rote Lehm der Erde. Wenn wir sie in einer Sandebene gefunden hätten, dann wäre sie weiss.«

Mit derselben Doppelhand entfernte er ein weiteres Stück, mit jener vor Eifer und Hingabe zitternden Hand, die sich sehnte, das unbekannte Geschöpf zu enthüllen. Das Zeichen wurde sichtbar, der Hinweis auf die Vergänglichkeit, den die Zähne der Schlange im Leib des geheimnisvollen Neugeborenen zurückgelassen hatten. Die Einprägung des ewigen Geheimnisses. Der Fluch der ersten Sünde. Der Schlüssel der Menschen für die Weglosigkeit, das Exil und den Pfad der Vergänglichkeit.

Die Augen des Vaters schimmerten feucht. Ein plötzlicher Kummer hatte ihn übermannt. Er wiegte nach rechts und nach links, bevor er sich wieder fasste und weiter den Schatz ausgrub.

Dann waren die Rituale der Enthüllung abgeschlossen.

Am Abend begannen die Rituale der Erlösung.

5. Die Heimat

Der Vater machte Feuer. Der Sohn setzte sich und spielte mit der Trüffel. Er betrachtete sie lange. Dann führte er sie an seine Nase. Sog den geheimnisvollen Duft ein und liess seine tränenfeuchten Augen hin und her rollen. »Mein Gott, mein Gott!« sagte er immer wieder.

Der Vater folgte seinem Tun mit einem unergründlichen Lächeln. Er schürte das Feuer und nährte es von Zeit zu Zeit mit einem Stück Holz. Dabei liess er seinen Blick über die majestätische, kahle Weite wandern. »Jetzt bist du in deinem Land«, sagte er stolz, »an den Toren von Wâw.«

Der Sohn hielt beim Riechen an der Frucht inne. »Aber ich sehe Grossvater nicht«, protestierte er, ohne seinen Blick von der Trüffel zu heben.

Das Lächeln des Vaters verschwand. »Du wirst ihn bald sehen«, murmelte er bedrückt.

Er nahm dem Sohn die Frucht aus der Hand. Drehte und wendete sie zwischen seinen Fingern. Untersuchte die geheimnisvolle Musterung, die die Erde dem Leib ihres Sprosses eingeschrieben hatte. Wie die Amulette, die die Mutter dem Kind um den Hals hängt, um es vor den Gefahren der Reise zu schützen, dachte er, schob mit dem Schürhaken die Glut beiseite und bereitete in der Asche einen Platz. Er legte die Trüffel in den heissen Sand und setzte sich, um ihrem Klagelied über die Pein im heissen Boden zu lauschen. Der Sohn traf Anstalten, eine Frage zu stellen, doch der Vater gebot ihm mit einem strengen Blick zu schweigen. Er horchte auf die Schmerzensschreie, darum bemüht, die Laute zu unterscheiden, um in den Graden der Pein die Botschaft zu hören.

»Fis... s... s... ss!«

Das Zischen verwandelte sich in Pfeifen, das Pfeifen in schmerzvolles Jammern, und das Jammern wurde zur wahrhaften Klage. Die Stille der Wüste reagierte auf den Schmerz der heiligen Frucht. Und es klagten die Dschinnenweiber, und die Paradiesjungfrauen schlugen sich die Wangen. Der Horizont drohte mit der Finsternis, und die Wüste kündigte ein langes Weinen an. Die himmlische Frucht begann zu bluten.

Dunkle Flüssigkeit löste sich aus dem Herzen. Der Vater hörte das schmerzvolle Jammern, und aus seinem Auge rollte eine grosse Träne. Doch der Sohn, gebunden, gefesselt an die Trüffel und ganz der Heimat zugewandt, bemerkte die Schwäche des Vaters nicht.

Der Vater lauschte und vernahm die Sprache der Klage. Das Geheimnis der Geburt und den Schmerz des Lebens. Die Freude des Sprosses über die Existenz und das Leiden des Weges, für den der Preis als Schmerz, Weglosigkeit und Exil entrichtet wird. Die Wegstrecke zwischen der Geburt und dem Reich des Vergessens, das ist der eigentliche Alptraum. Der Gesang der Freude beginnt erst nach dem Aufbruch. Die Ruhe senkt sich erst herab nach der Beendigung der Reise auf Erden, der Durchquerung des Alptraums zurück ins Land des Vergessens. Im Augenblick der Durchquerung verliert das menschliche Elend seinen Sinn. Dann öffnet Wâw seine Tore. Also weine nicht, während du dich rüstest, Wâw zu betreten, und bereue nicht die irdische Reise. Denn im Gedächtnis des Unsichtbaren zu bleiben ist gnädiger, als in die Wüste des Gedächtnisses herabzukommen, und der Tag, an dem die Tore von Wâw hinter dir geschlossen werden und es dich nackt aufnimmt, ist gnädiger als derjenige, an dem du es verlassen hast, flaumig, stolz und zu Exil und Verlust verdammt.

Die geheimnisvolle Frucht hatte ihren Gesang vollendet. Er nahm sie aus der heissen Asche, gezeichnet von Blut und den Peitschen des Höllenfeuers. Die Amulette der Mutter waren verschwunden, ersetzt durch die Kruste der Tortur. Nur die Narbe am Kopf hatte keinen Schaden genommen. Jene majestätische Narbe, die der giftige Zahn hinterlassen hatte. In der Narbe lag das Geheimnis. Die Narbe war der Schlüssel. Er legte die Trüffel auf eine kleine Steinplatte, um sie abkühlen zu lassen. Das Bluten stoppte. Er zerteilte sie mit dem Messer in zwei Hälften. Bewusst liess er den oberen Teil, in den sich die Zähne der Schlange gegraben hatten, liegen. Dann schnitt er den unteren Teil in zwei Stücke. Der Duft stieg auf. Der Wind der Wüste trug ihn davon. Der himmlische Duft, den die Frucht zur Falle macht, um jene Halsstarrigen hineintreten zu lassen, die sich nach Wâw nur in Ketten führen lassen.

Der Sohn nahm sich sein Stück und biss, vom Vater beobachtet, hinein, kaute und schloss dann, ohne beim Kauen innezuhalten, die Augen, hingerissen und mit Tränen in den Augen.

»Ich wusste, du würdest weinen«, sagte der Vater, während er sich das andere Stück nahm. Und ohne sich die Tränen abzuwischen antwortete der Sohn: »Das ist unglaublich!«

»Ich habe auch geweint, als ich zum erstenmal Trüffeln ass.«

»Das ist unglaublich!«

»Lass dich hinreissen und weine. Denn wenn der Mensch am Tor von Wâw steht, darf er weinen, weil die Scham bedeutungslos geworden ist.«

Der Sohn blieb hingerissen. Er weinte, weinte auch noch, nachdem er fertiggekaut und den geheimnisvollen Bissen geschluckt hatte.

»Hast du je etwas Delikateres gegessen?« fragte der Vater.

Der Sohn verneinte mit einer Kopfbewegung und flüsterte: »Niemals.«

Nun nahm der Vater den Teil der Trüffel, der die Narbe trug, die Hälfte, in die sich die Zähne der Ewigkeit geprägt hatten. Er bereitete sich auf den Abschied vor.

Er teilte das Stück in zwei Hälften. Seufzte tief. Betrachtete die Tropfen, die die verwundete Frucht abgesondert hatte. Er schlachtete die Knolle und zog dreimal das Messer darüber. Dann hielt er inne und reichte dem Sohn seinen Anteil.

Seine Hand zitterte so stark, dass er das Stück beinahe fallenliess. Es war mehr als ein Zittern, es war eine Erschütterung.

Er beobachtete ihn. Der Junge biss von dem Stück ab. Zunächst schloss er die Augen und schwankte wieder hin und her, ekstatisch und rauschhaft. Dann wurde er schlaff und sank zusammen, ohne dass er aus der Ekstase zurückgekehrt wäre.

Es begannen die Rituale des Abschieds. Sein Rücken berührte die Erde. Auf seine Lippen trat leuchtend weisser Schaum.

»Papa, lass mich nicht allein«, flüsterte er mit matter werdender Stimme.

Der Vater rutschte auf den Knien näher. Er fasste den Sohn am Handgelenk, beugte sich über den aufgebahrten

Körper. »Hab keine Angst«, sagte er. »Wir gehen gemeinsam. Wir werden auf immer beisammen sein.«

Doch der Junge öffnete plötzlich die Augen, in denen der Vater nur noch das Weisse sah. »Grossmutter hat gesagt, du würdest das tun«, brachte er mühsam hervor.

Der Vater sprang zu dem Stein. Er griff nach seinem Stück, dem die Abschiedsnarbe aufgeprägt war, warf es sich in den Mund und schluckte es, ohne zu kauen. Kurz darauf spürte er Benommenheit, Ruhe und Klarheit. »Hör nicht auf das, was deine Grossmutter sagt«, murmelte er.

»Warum hast du das gemacht?« fragte der Sohn wie zum Abschied.

»Wie sonst willst du in die Heimat gehen?« murmelte der Vater.

Das Trommeln wurde lauter. Er sah die Klinge des Messers sich heben. Sie blinkte im Mondlicht. Er hörte den Scheich rufen: »Keine grössere Glückseligkeit sehe ich für den Menschen, als dass er sich selbst entwird, und nicht gewinnt die Gnade, wer nicht den Mut findet, den Menschen sein Herz zu äussern.« Der Jünger antwortete mit einem langen, schmerzvollen Schrei, bevor er die Klinge auf seine Brust niedersausen liess. Die Klinge streckte sich. Sie erreichte die Quelle, die Quelle der Rettung, den Tod. Der schmerzvoll ekstatische Schrei zerbrach. »Allâ... â... â... h« wurde zu »A... a... a... h«. Er zerbrach, um sich fortzusetzen, vielleicht in der Vergänglichkeit, in der Ewigkeit. Zum erstenmal wankte der Wüstenplanet. Der Vater stürzte über den Körper des Sohnes. Er hielt ihn fest mit beiden Händen. Kopf fiel auf Kopf. Der Körper des Sohnes verschwand im Körper des Vaters. Die beiden Körper wurden einer, und dieser haftete auf der Erde. Der Vogel entwich dem Käfig, und die Fackel flog dahin. Zurück blieb der Lehmklumpen, reglos, eins, dem Boden ergeben.

Dann wurde es völlig dunkel in der ewigen, traurigen, kahlen Weite.

Moskau, 1991

Vom nicht heimgekehrten Heimkehrer

Das Gesetz

1

Heimkehrend erreichte der Wanderer nach einer Abwesenheit von sieben Jahren die Oase.

Der gesamte Stamm verfolgte seinen Weg, verfolgte ihn schon lange zuvor, verfolgte ihn von dem Augenblick an, da das Schicksal die Macht des Zaubers gebrochen und das Amulett der liebenden Zauberin ausser Kraft gesetzt hatte, die ihn all diese Zeit die Heimat der weiten Wüste gegen das Reich des Dschungels eintauschen liess.

Die Nachricht, von Boten gebracht und von vielen Zungen im Stamm wiederholt, vernahm auch jene andere Liebende, die nun schon sieben Jahre auf den Heimkehrer wartete.

Sieben Jahre hatte sie auf den Geliebten gewartet, weitere Tage konnte sie nicht warten.

2

Sie eilte ins Zelt, holte blanke Lederstücke heraus und machte sich daran, diese zu verzieren, um dem Geliebten einen neuen Sattel zu fertigen. Der Derwisch kam zu ihr als Bote. Er bringe eine Ermahnung vom Seher, erklärte er. Sie machte ihm ein Zeichen zu sprechen, unterbrach aber nicht ihre Arbeit an den Lederstücken.

»Der Seher lässt dir ausrichten«, begann der Derwisch, »dass das Gesetz es so will, dass einem Abwesenden kein Bedürfnis erfüllt wird, ehe er am Horizont erscheint.«

Sie lächelte verächtlich. »Sag dem Seher, dass der Abwesende sich der Oase nähert, und frag ihn, ob man denn jemand für abwesend halten könne, der nicht mehr als zwei Tagesreisen entfernt ist.«

Mit dieser Antwort ging der Derwisch. Ihre Finger aber wanderten weiter über das glatte Leder, und an jeder Stelle, die sie berührten, hinterliessen sie eine prächtige Spur.

3

Er verliess die Oase und erreichte den Fuss des Blauen Berges.

Der Stamm verfolgte seinen Weg. Die Boten kamen. Die Liebende empfing die Nachricht. Stiess Jubeltriller aus. Jauchzte, bis ihr schwindlig wurde. Sie schickte die Jungen, die Mädchen zu holen, die sie bat, ihr zu helfen, für den Heimkehrer ein neues Zelt zu errichten. Doch sie vergass, es mit schützenden Amuletten zu schmücken. Der Derwisch kam zu ihr als Bote. Er bringe eine Ermahnung vom Seher, erklärte er. Sie machte ihm ein Zeichen zu sprechen, unterbrach aber nicht ihre Arbeit am Zelt.

»Der Seher lässt dir ausrichten«, begann der Derwisch, »dass das Gesetz es so will, dass einem Abwesenden kein Bedürfnis erfüllt wird, ehe er am Horizont erscheint.«

Ein weiteres Mal lächelte sie verächtlich. »Sag dem Seher, dass der Abwesende den Blauen Berg erreicht hat, und frag ihn, ob man denn jemanden für abwesend halten könne, der nicht mehr als eine Tagesreise entfernt ist.«

4

Er verliess den Fuss des Blauen Berges und stieg ins nahegelegene Wadi hinab.

Der Stamm verfolgte seinen Weg. Die Boten kamen. Die Liebende empfing die Nachricht. Stiess keine Jubeltriller aus. Die Zunge versagte ihr den Dienst, denn das Herz klopfte wie Trommelwirbel und kam der Zunge zuvor bei der Freude. Sie liess ihre Vertraute suchen, überantwortete ihr ihren Kopf, bat sie, ihr das Haar zu kämmen und zu Zöpfen zu flechten. Der Derwisch kam als Bote. Er bringe eine Ermahnung vom Seher, erklärte er. Sie machte ihm ein Zeichen zu sprechen.

»Der Seher lässt dir ausrichten«, begann der Derwisch, »dass das Gesetz es so will, dass du das Gesicht mit Traurigkeit schmückst, dass du Zeichen der Trauer trägst, statt das Haupt zu salben und das Haar zu Zöpfen zu flechten. Jammere also und klage, wenn du willst, dass der Abwesende am Horizont erscheint, und hüte dich, das Gesetz zu missachten!«

Sie lächelte verächtlich. »Sag dem Seher, dass der Abwesende die Nacht im nahegelegenen Wadi verbracht hat, und frag ihn, ob man denn jemanden für abwesend halten könne, der so nahe ist, dass ich ihn schon atmen höre.«

Mit dieser Antwort ging der Derwisch, und sie überantwortete ihren Kopf wieder ihrer Vertrauten.

5

Er verliess das nahegelegene Wadi und wechselte hinüber in ein anderes Land, das niemand kannte, das niemand je gesehen hatte.

Der Stamm hörte auf, seinen Weg zu verfolgen, denn jener hatte ein Land erreicht, das zu betreten allen Boten untersagt ist, weswegen sie von dorther keine Nachricht brachten. Die Liebende eilte von Zelt zu Zelt und erkundigte sich, warum sie nichts Neues erfuhr. Aber keiner konnte ihr etwas mitteilen, weil die Boten der Wüste, wenn jener das andere Land betritt (das keiner je gesehen hat und niemand kennt), umkehren und eingestehen, dass die Nachricht zur Prophezeiung geworden ist – und die Prophezeiung ist in der Wüste Sache der Seher, nicht der Boten.

6

Der Seher säumte nicht mit der Prophezeiung.

Der Derwisch kam zu ihr als Bote. Er bringe eine Ermahnung vom Seher, erklärte er. Mit der Ungeduld einer Liebenden, die sieben Jahre auf den Geliebten gewartet hatte, machte sie ihm ein Zeichen.

»Der Seher lässt dir ausrichten«, begann der Derwisch, »dass den Abwesenden, den du seit sieben Jahren erwartest und um dessentwillen du dreimal gegen das Gesetz verstossen hast, ehe er noch am Horizont erschien, gestern eine Schlange gebissen hat.«

Die Gedichte

Aber die Liebende unterbrach nicht ihre Arbeit an dem Zelt und an den Sätteln. Beim Morgengrauen erwachte sie, weckte ihre Diener, Sklaven und Hirten, setzte sich mit gekreuzten Beinen vor das Zelt und beugte sich über die Lederstücke. Ihre Finger krochen über die glatten Stücke, als spiele sie eine Melodie auf der Saite des Imsâd. Mit ihren Fingern spielte sie eine Melodie, mit ihren Lippen eine andere, sang schwermütige Weisen und sprach ergreifende Gedichte von Reisen in weite Fernen. Und Kenner des Gesangs behaupten, sie sei die erste Sängerin gewesen, die die Assâhagh-Melodie aus der Quelle der Sehnsucht schöpfte, die erste Dichterin, die Verse zum Preis der weglosen Wüste sprach. In den ersten Jahren gewann sie die Zuneigung der Mädchen, die sich um sie scharten. Sie halfen ihr bei der Arbeit an den Zelten. Doch den Sätteln nahezukommen erlaubte ihnen die Liebende nicht. Sie begann für die Verzierung der Lederstücke andere Reiche, andere Symbole zu entwerfen. Dann kam die Zeit, da die Mädchen der Arbeit an den Zelten überdrüssig wurden, denn ein Tag folgte dem anderen, ein Jahr dem vorangegangenen. Die jungen Männer zogen fort in die Lager anderer Stämme, um sich dort Mädchen zu suchen, während die Liebende unermüdlich an der Verzierung der Sättel weiterwirkte und die Arbeit an den Zelten nicht unterbrechen wollte. Die Mädchen gaben die Herstellung der Zelte auf, unterbrachen aber nicht die Gedichte über die weglose Wüste. Und kein Jahr verging, da erklangen die Verse bei allen Stämmen, bis hin zu den fernsten Flecken im Reich der Wüste.

Das Geheimnis

Ein Tag folgte dem anderen, ein Jahr dem vorangegangenen. Die Wüste füllte sich mit Zelten. Die Zelte füllten sich mit Sätteln. Doch die Liebende schuf unablässig andere Reiche, andere Symbole auf den Lederstücken. Sie liess nicht ab, von der Sehnsucht zu singen, und wurde nicht überdrüssig, die Verse zu sprechen, die die weglose Wüste priesen.

Der Derwisch kam, doch diesmal kam er nicht als Bote, brachte keine Ermahnung vom Seher. Er hatte beschlossen, sich von der Botschaft an die Schöpfung abzuwenden und eine andere Ermahnung zu überbringen, die der Seher ihm nicht anvertrauen wollte, da sie ein dem Gesetz innewohnendes Geheimnis offenbarte, das zu bewahren sich der Seher bemühte. Die Liebende unterbrach ihren sehnsuchtsvollen Gesang und lauschte der Botschaft des Derwischs.

»In der Nacht, bevor dein Geliebter sich aufmachte«, begann der Derwisch, »sah ich den Seher hinaus in die Wüste gehen. Er tanzte mit den Dschinnenfrauen und sass mit den Weisen aus der Welt des Unsichtbaren beisammen. Er lieh sich die Kraft der Tarnung. Ich sah ihn von dort weggehen, gekleidet in das Fell der abscheulichen *Têrsast*-Hasen. Er verschwand im Ginsterdickicht des nahegelegenen Wadis. Als dein Geliebter am Morgen loszog, trat er vor ihn hin und versperrte ihm den Weg im Fell jener verfluchten Hasen. Dein Geliebter hätte sofort umkehren müssen, doch der Stolz drängte ihn, weiterzugehen. Der Stolz. Der Stolz ist die Ursache allen Unglücks.« Dann schwieg der Derwisch, und die Finger der Liebenden kehrten zu ihrer Arbeit an den Lederstücken zurück. Auch ihre Stimme kehrte zurück und sang weiter, bis der Derwisch sie unterbrach, um seinen Bericht zu vollenden: »Der Seher begnügte sich nicht damit, deinem Geliebten in Gestalt jenes Unglückstieres entgegenzutreten. Er tilgte auch seine Spuren. Kurz vor Sonnenuntergang sah ich ihn ins Wadi hinausgehen, um die Fussabdrücke deines Mannes zu verwischen. Und wie kannst du erwarten, dass er am Horizont auftaucht, wenn der Seher seine Spuren hinter ihm verwischt hat?«

Auf diese Frage hatte die Liebende keine Antwort. Sie betrachtete den Derwisch mit Augen, die nur das Leere sahen. Ihre Finger spielten wieder mit dem glatten Leder. Ihre Stimme wurde lauter, lauter und immer lauter. Sie sang das Lied der Sehnsucht. Doch bevor sie wieder den Ton gefunden hatte, unterbrach sie der Derwisch. »Und weisst du«, fragte er, »warum der Seher all das getan hat?« Er erwartete keine Antwort. Er neigte sich zu der Liebenden, bis sein Gesichtstuch ihre bleiche Wange berührte. »Weil er dich liebt«, raunte er, doch die Liebende reagierte mit keinem Wort. Auf ihren Lippen erschien der Anflug eines Lächelns. Sie schaute auf zu ihm mit jenem Auge, das nur die weglose Wüste sucht, das nur ins Leere starrt. Und es war jenes Auge, das den Derwisch fragte, warum er sein Geheimnis enthülle. Dieser schlug den Blick nieder und zog beschämt das Tuch über seine Augen. »Weil das Gesetz es so will«, antwortete er hinter dem Schleier hervor, »dass kein Geheimnis auf ewig ein Geheimnis bleibe, keines.«

Die Sättel

Ein Tag folgte dem anderen, ein Jahr dem vorangegangenen. Die Wangen wurden bleich, die Lippen welk. An den Händen traten die Adern hervor. Die Zeit hinterliess ihre Spuren auf dem Gesicht und grub in die Stirn ihre geheimnisvollen Symbole. Die Liebenden des Stammes trennten sich von ihr, da sie auf ihrem Gesicht die Wunden der Zeit sahen und ihr Weg sie nicht zu jener ewigen Schönheit führte, die die Zeit irre macht, weil sie gegen diese ohnmächtig ist, jene Schönheit, welche die Dichter des Stammes Charme nennen, welche das Gesetz Adel nennt.

Nur der Seher trennte sich nicht. Er suchte nicht in den Lagern der Nachbarstämme nach den schönen Frauen. Dreimal täglich umkreiste er ihr Zelt, einmal im Finster der Morgenfrühe, beim Erscheinen des Morgenlichts, einmal, wenn die Sonne am höchsten stand, vor der mittäglichen Hitze, und ein letztes Mal nach Sonnenuntergang, vor Einbruch der Nacht. Er kam wie ein Gespenst vom Stamm der Unsichtbaren, auf den Schultern sein alter Stock, über dessen Enden seine nervigen, kupferbraunen, mageren Hände baumelten. Doch er sprach nicht. Er sagte kein Wort mehr seit jener Auseinandersetzung mit dem Derwisch. Er sagte kein Wort, auch nicht wenn der Stamm weiterzog – auf der Flucht vor der Dürre, auf der Suche nach Weideland und aus Furcht, Knecht eines Landes zu werden, auf dem er allzulange verweilte.

Sie hingegen schenkte all dem keine Beachtung – nicht dem Ausbleiben der Freier, deren Gegenwart sie nie bemerkt hatte, und nicht den Besuchen des Sehers, auf den ihr Blick nie fiel. Auch der Wanderung des Stammes schenkte sie keine Beachtung, weil sie den Stamm verlassen hatte, nachdem ihr Geliebter sie verlassen hatte, bevor er eines Tages am Horizont erschien. Doch sie unterbrach niemals ihre Arbeit an den Sattelstücken, schuf weiterhin unbekannte Reiche. Sie war unnachsichtig mit den Knechten und den Dienerinnen. Und so fuhren sie fort, Wolle zu weben und Zelte im Reich der Wüste aufzustellen.

Ein Tag folgte dem andern, bis die Zeit reif war und sie einen Sattel wählte, der mit tausend unbekannten Symbolen geschmückt, mit tausend Amuletten jener anderen Reiche verziert war. Knechte brachten ihr ein scheckes Kamel, dem sie selbst den Sattel auflegte. Es war die Stunde, da das Morgenlicht neugierig herankroch, da der Horizont sichtbar wurde. Die Liebende schwang sich in den Sattel. Der Schecke zog los, wurde eins mit dem jungfräulichen Morgenlicht, löste sich auf im Reich des Horizonts.

Die Liebende brach auf, wie einst der Geliebte aufgebrochen war. Sie liess Knechte zurück, die sich danach in der Wüste voneinander trennten. Sie liess einen Schatz aus Sätteln, eine ganze Heimat aus leeren Zelten zurück, die bei Tag ihre Münder auftun, in die der Staub eindringt, und die bei Nacht zu Höhlen werden, von denen die Dschinnenheere Besitz ergreifen. Und eine traurige Gestalt besucht weiterhin alltäglich dreimal den Ort.

Thun, 1993

Die Zunge

1

Wenn er vom Rat der Weisen zurückkam, sass er immer mit seinem Sklaven zusammen.

Jahre zuvor hatte die Pest seine Frau dahingerafft, und im ganzen Stamm fand er niemanden, mit dem er so angenehm zusammensitzen, dem er so gut Geheimnisse anvertrauen konnte wie dem alten Sklaven, den er von seinem Vater geerbt hatte. Wenn er erschöpft von der Sitzung heimkehrte, legte er scin blaues Gewand ab und sein weisses an. Dann nahm er seinen Platz in der Mitte des Zeltes ein und lehnte sich mit dem Rücken gegen die Zeltstütze. Er streckte seine Beine aus, befreite sich von seinem Gesichtstuch und rief nach dem Sklaven. Er hiess ihn das Feuer anzünden und Tee aus Têfuschkân, Têbarêmt oder einer Mischung dieser beiden Kräuter aufgiessen. Und wenn sich dann die Flammenzunge emporflackernd aus dem Feuer löste und die Dunkelheit sich zerstreute, änderte sich alles. Dann löste sich auch die Zunge des Edlen.

In den ersten Jahren hatte er sich mit seinem Sklaven über das Leben in der Wüste und die Eigenschaften der Frauen unterhalten, hatte mit ihm über Liebespaare geklatscht, über Spottgedichte sinniert und über die Absichten der Jungfrauen gerätselt. Doch bald einmal wählten ihn die Verständigen als Nachfolger seines Vaters zum Mitglied in ihren Rat, und so wohnte er regelmässig der erhabenen Versammlung bei und konnte beobachten, wie die alten Männer Ränke schmiedeten. Er erfuhr auch von den geheimen

Absichten den Nachbarstämmen gegenüber und wurde in die Methoden eingeweiht, mit denen der Stammesführer Zwistigkeiten beilegte und Streitereien beendete. Schliesslich begriff er, dass die einflussreichsten und ranghöchsten Verständigen gleichzeitig die durchtriebensten waren und am fähigsten, Verschwörungen anzuzetteln. Da wurde ihm eng ums Herz, und ein Schwindel überkam ihn.

Eines Nachts kehrte er ins Zelt zurück und rief nach seinem alten Sklaven. Er wechselte das Gewand und zog sein Schwert aus der Scheide. Die grässliche Klinge funkelte im Licht des Feuers. Und während er die gierige Waffe vor den Augen des Sklaven hin und her drehte, erklärte er ihm: »Der Stammesführer zieht sein Schwert, sobald wir das Ratszelt betreten, und lässt es während der gesamten Sitzung ganz bewusst ausserhalb der Scheide liegen. Er ist überzeugt, die Macht des Stammes sei an der Fähigkeit seiner Verständigen zu messen, Geheimnisse zu bewahren. Denn wenn ein Verständiger ein Geheimnis verrät, gibt er den Stamm der Zerstörung preis. Darum bleibt sein Schwert bis zum Abschluss der Sitzung gegen unsere Nacken gerichtet. Höre also, Bûbu, mit deinen Ohren, und erinnere dich mit deinen Augen an die Zunge dieser Waffe, die weit gieriger ist als die Zunge des Feuers. Sie löscht ihren Durst mit dem Blut deines Nackens, wenn du dich gegen das Gesetz der Ahnen vergehst und ein Geheimnis preisgibst, das du von mir erfahren hast. Denn auch das Schwert des Stammesführers würde vom Blut meines Nackens schlürfen, wenn ich ein Geheimnis des Rats preisgäbe.«

Bûbu lächelte so rätselhaft, wie es nur die weisen Hirten oder jene Sklaven können, die schon lange Zeit im Dienst ihrer Herren verbracht haben. Er verneigte sich so tief, dass das Ende seines Gesichtstuchs die Akazienstämme berührte, die das Feuer schon zur Hälfte verzehrt hatte, Holz, das hörbar ächzte und eine blutfarbene, klebrige Flüssigkeit absonderte. Danach hob er sein Haupt wieder von der Erde und flehte: »Es ist mir noch nie in den Sinn gekommen, so dreist zu sein, Eurem Befehl zuwiderzuhandeln, Herr. Aber Ihr wisst, dass Euer Sklave Bûbu nicht besser ist als alle anderen Geschöpfe in der Wüste. Ihr wisst auch, Herr, dass die Geschöpfe in der Wüste schon immer mehr am Siechtum der Neugier gelitten haben als an der Pest. Und so werdet Ihr mir meine dreiste Bitte verzeihen, Herr, und mich davon entbinden, den Geheimnissen des erhabenen Rats lauschen zu müssen.«

Nun lächelte auch der Edle. Er beobachtete die Zunge des Feuers, während er die Zunge des Schwerts mit den Fäden des Lichts spielen liess. Doch dann wurde er wieder finster. Die Stille stand zwischen ihnen. Nur das Ächzen des Holzes verletzte ihre Heiligkeit.

»Wem soll ich denn mein Geheimnis anvertrauen, ich, ein einsamer Mann?« fragte er schliesslich. »Mit wem soll ich denn zusammensitzen, ich, der ich keine Freunde habe? Hast du das Vermächtnis des Amghâr, des weisen Ahns, vergessen, der mich immer davor gewarnt hat, mit dem *Îrkaitadem,* dem Pöbel, gemein zu werden? Du weisst, dass er mich auch gewarnt hat, mit den elenden Grosssprechern zusammenzusitzen, nicht weil sie treulose und niedrige Kreaturen sind, sondern weil sie eine Schlinge sind. Der Rat, Bûbu, ist für einen edlen Mann immer eine Schlinge. Im Rat, Bûbu, unterliegt das Geschöpf unweigerlich der

Verführung, unweigerlich schlüpft die Zunge aus, und unweigerlich äussert der Mund, diese hässliche Öffnung, Dinge, die dem Gesetz der Ahnen entgegenstehen und die der Verstand missbilligt. Wenn ich mir dich zum Freund genommen habe, mit dem ich zusammensitzen möchte, so tat ich dies im Einklang mit den Vermächtnissen des Amghâr. Ich habe dich nicht als Behälter für meine Geheimnisse gewählt, weil ich das Geheimnis der Wüste erfahren und den Mangel an Treue entdeckt habe, sondern weil ich weiss, dass der Sklave, der schon dem Vater treu gedient hat, der beste Freund ist. Also ertrage mich, wie du schon meinen Vater ertragen hast, Bûbu! Schenk mir dein Ohr, und hüte dich, je ein Geheimnis preiszugeben, auch wenn es dir auf der Brust drückt.«

Bûbu atmete sorgenvoll aus, während sein Herr sich gegen die Zeltstütze lehnte und begann, sich Luft zu machen und ihm von den Geheimnissen des Rats zu erzählen.

2

Einige Monate später trat unter den Kamelen des Edlen eine Krankheit auf.

Das erste Opfer war der Kamelhengst, von dem er die Stuten bespringen liess. Ein riesiges und ungestümes Tier. Auf seinem Kopf bildete sich ein schrecklicher Buckel, und der prächtige Hengst magerte rasch ab, bis er nur noch Haut und Knochen war. Und noch kein Monat war seit Ausbruch der Krankheit vergangen, da fanden ihn die Hirten tot auf der Weide.

Danach war es eine Stute von edler Abstammung, die von der Auszehrung befallen wurde. Auch sie magerte rasch ab, ja, sie löste sich vor den Augen der Hirten förmlich auf. Man informierte ihn, worauf er das Tier aufsuchte und es gründlich inspizierte. Er suchte den Leib der Stute nach Spuren einer Epidemie oder einem Hinweis auf ein Siechtum ab, konnte aber nichts finden, was auf eine körperliche Krankheit deutete. Die Kamelstute verendete.

Er ging hinaus auf die Weiden, streifte überall umher und erkundigte sich bei den Hirten der Stammesedlen nach einer möglichen Epidemie. Doch alle steckten nur ihre Finger in den Boden, um das Böse abzuleiten. Dann hoben sie dankbar ihre Blicke gen Himmel und erklärten übereinstimmend, seit Jahren hätte keine Epidemie mehr die Weiden heimgesucht. Er zog zum Nachbarstamm und brachte von dort einen blinden Weisen mit, der dafür bekannt war, dass er den Epidemien auf den Weiden die Stirn bot und alle Krankheiten der Tiere kannte. Dieser Mann untersuchte die gesamte Herde, Kamel für Kamel, Stute für Stute, und liess nicht einmal Jungtiere aus, die ihr erstes Lebensjahr noch nicht vollendet hatten. Doch er konnte nichts finden, was Rückschlüsse auf eine Epidemie oder auf eine innere Krankheit zugelassen hätte.

»Du solltest nach der Epidemie eher anderswo suchen«, riet er dem Edlen, »sie ist nicht in den Körpern der Kamele zu finden.«

Der Edle war ratlos. »Handelt es sich um Magie?« fragte er, und der Weise erwiderte: »Vielleicht.«

Der Edle wusste nicht, dass seinen kräftigen schecken Kamelhengst eine Arglist dahingerafft hatte, die von der verborgenen Ursache gewirkt worden war.

3

Es war ein aussergewöhnlicher Kamelhengst. Er hatte ihn von dem Führer der Ifôghas-Stämme als Geschenk erhalten, als er bei diesen mit einer Botschaft seines Stammesführers als Gast abgestiegen war, um eine Allianz zu schmieden und einen Angriff zu verhindern. Mit eigener Hand hatte er das Tier aufgezogen und mit ihm auf eine Weise zusammengelebt, wie er es nicht einmal mit seiner verstorbenen Frau getan hatte. Sie waren einander treu, wie er es von keiner jener falschen Kreaturen kannte, die sich Freunde nannten. Einmal rettete es ihn aus einem Hinterhalt, den ihm die Stämme des Dschungels gelegt hatten, ein andermal führte es ihn lebendig aus der Weglosigkeit des gewaltigen Sandmeers, als das Wasser zur Neige gegangen war, der Staub ihn überfiel und er im unbekannten Land am Rande des Todes stand. Alles konnte er ertragen, nur nicht den Verlust des schecken Mehri. Den Verlust der Frau konnte er ebenso verschmerzen wie den der Freunde. Selbst den Verlust Bûbus hätte er verschmerzen können. Aber wie sollte der einsame Mann, der edle Reiter, den Verlust der liebsten Kreatur verschmerzen, seines edlen Schecken?

Als der Mehri abzumagern begann, begann auch er abzumagern. Als das Tier die Nahrung zurückwies und sich weigerte, hinaus auf die Weide zu gehen, wies auch er die Nahrung zurück und ging nicht mehr hinaus, nicht einmal mehr zum Rat der Verständigen. In seinen sanften Augen erblickte er Trauer und Besorgnis, und da sah Bûbu auch in den Augen seines Herrn Trauer und Besorgnis.

Als einige Wochen später der edle Mehri starb, suchte den Edlen ein schreckliches Fieber heim. Er fiel in eine

Ohnmacht, und der Stamm glaubte nicht, dass er je wieder daraus zurückkehren werde.

Als er auf dem Weg der Genesung war, liess er den Zauberer kommen.

Eine ganze Nacht lang sass er mit ihm unter vier Augen im Zelt, und als der Mann ihn verliess, erfuhr niemand, was sich zwischen den beiden abgespielt hatte. In der folgenden Nacht sahen die Hirten ein Gespenst in der Herde umhergehen. Da sie dieses aber für einen schlauen Dschinn hielten, schenkten sie ihm keine Beachtung.

Einige Tage später suchte ihn der Zauberer ein weiteres Mal auf. Wiederum war er die ganze Nacht mit ihm allein, und wiederum erfuhr niemand etwas. Die Hirten begriffen, wie zuvor schon Bûbu, dass sie vom Zauberer nie ein Geheimnis erfahren würden – wussten sie doch seit langer Zeit, dass ein Zauberer keiner wäre, wenn die Menschen von ihm ein Geheimnis erführen.

4

Im Stamm wurde herumerzählt, der böse Blick habe die Kamele vernichtet. Das Auge des Neides habe den Schecken des Edlen dahingerafft. Er selbst schwieg dazu. Er nahm seine Teilnahme im Rat der Weisen wieder auf und seinen Platz bei der Zeltstütze wieder ein, zog sein Schwert aus der Scheide und wiederholte vor seinem treuen Sklaven Bûbu jenen erbarmungslosen Satz, den er immer sprach, wenn ein Geheimnis sein Herz zu sprengen drohte und er sich von seiner Last befreien wollte. Und der treue Sklave wiederholte jedesmal seine Bitte und flehte seinen Herrn an, ihn von der Last der Geheimnisse zu entbinden.

Doch der alte Vorgang nahm eine neue Wendung.

Nach der Beendigung des nächtlichen Gesprächs und nach dem Verlöschen des letzten Stückchens Glut hatte Bûbu immer das Zelt verlassen, war hinausgegangen in die Finsternis und im Unbekannten verschwunden, ohne dass sein Herr ihn je gefragt hätte, wohin er ging.

Eines Nachts aber, als Bûbu hinausging, folgte er ihm. Nicht sofort. Er liess ihm einen Vorsprung, dann schlich er aus dem Zelt und tauchte hinter ihm in das Reich der Finsternis ein. Bûbu ging zur Herde. Er tätschelte eine Kamelin am Kopf. Ging weiter. Vor einem fetten Kamel blieb er stehen. Ein Tier mit dichtem Fell, das gierig kaute. Plötzlich hielt es inne. Erstarrte. Sein Blick wurde gespannt. Es verlor die Ruhe. Eine unerklärliche Angst sprach aus seinen Augen. Der Edle versteckte sich hinter einer Kamelstute in der Nähe und beobachtete Bûbu. Dieser setzte sich vor dem zottigen Kamel auf die Erde und begann zu reden. Er offenbarte dem Kamel all die Geheimnisse, die während ihres Zusammensitzens zur Sprache gekommen waren.

5

Am Morgen untersuchte er das Kamel.

»Man muss kein Seher sein«, sagte er den Hirten, »um festzustellen, dass auch dieses Tier in ein paar Wochen verenden wird.«

Ein paar Tage danach begann das Kamel abzumagern, zu schrumpfen und einzugehen. Einige Wochen später war es tot. Die Hirten brachten ihm die Nachricht, die Augen voller Überraschung.

»Nun wissen wir, woher die Krankheit kommt«, sagte er und schickte einen, die Peitsche aus dem Zelt zu holen. Die anderen hiess er, seinen treuen Sklaven gefesselt heranzuführen. Er nahm die Peitsche, schwang sie und zeichnete damit ein Symbol: Funken wie von Blitzen in Winterwolken. Die grässliche Zunge sauste nieder auf den Sklaven, zerriss seine Kleider und zerfrass sein Fleisch. Er peinigte den Körper des treuen Gefährten und rief bei jedem Schlag: »Ich werde nicht aufhören, ehe du mir gestehst, mit welchem Zauber du meinen schecken Freund getötet hast.«

Bûbu jammerte lange. Er klagte, und die ganze Wüste hörte sein Klagen. Schliesslich bat er seinen Herrn innezuhalten. Er wolle ein Geständnis ablegen. Er klagte noch eine Zeitlang. Dann trank er etwas warmes Wasser. Schliesslich begann er zu reden: »Was ich getan habe, tat ich allein aus Loyalität Euch gegenüber, Herr, und aus Treue zu den Gebeinen des Amghâr, der mir nie ein Leid zufügte, seit er mich als Gefangenen aus dem Dschungel brachte.«

Da liess der Edle ein weiteres Mal die Peitsche angsterregend durch die Luft sausen. Mit mühsam unterdrücktem Zorn sagte er: »Du redest von Loyalität, dabei hast du sie verraten! Du redest von Treue den Gebeinen der Toten gegenüber, dabei hast du diese verraten, indem du das edelste Geschöpf im ganzen Stamme getötet hast.«

»Aber ich habe wirklich aus Loyalität zu Euch gehandelt, Herr«, schluchzte der Sklave, »aus Treue zum Andenken meines grossen Herrn. Ich habe Euch gewarnt, Herr, dass ich kein Gott bin und deshalb unfähig, Eure Geheimnisse zu bewahren. Ihr wisst wohl, Herr, dass schon die Freien nicht imstande sind, ein Geheimnis zu hüten, wie sollte dann der schwache Sklave Bûbu dazu imstande sein? Hätte ich meine Seele nicht erleichtert, indem ich das Geheimnis der stummen Kreatur anvertraute, so wäre ich eingegangen wie der Schecke. Habt Ihr nicht auch gleich zu Beginn zugegeben, dass Ihr nicht die Kraft habt, ein Geheimnis zu hüten, und es deshalb Eurem treuen Sklaven enthüllt? Ist es nicht besser, Eure und des Rates Geheimnisse jener Kreatur anzuvertrauen, die zwar keine Zunge, dafür aber Ohren besitzt, statt sie den Hirten mitzuteilen, die sie ausplaudern würden? Denn dann würden sie im ganzen Stamm bekannt und kämen schliesslich dem Stammesführer zu Ohren. Habe ich Euch nicht durch mein törichtes Tun vor dessen Zorn bewahrt, Herr, auch wenn dabei der schecke Kamelhengst umgekommen ist?« Er jammerte wieder und klagte.

Der Edle dachte lange nach. »Ich werde dich bestrafen, indem ich dir die Zunge abschneide, Elender«, erklärte er schliesslich.

»Habt Erbarmen, Herr!« flehte der Sklave. »Lieber möchte ich meinen Kopf verlieren als meine Zunge.«

»Den Kopf kannst du dir selbst abschneiden, die Zunge dagegen schneidet sich niemand selbst ab. Und mich interessiert nur deine Zunge.«

Nochmals flehte der Sklave: »Wenn ich imstande wäre, mir selbst den Kopf abzuschlagen, Herr, wäre ich kein Sklave. Tötet mich, Herr, aber schneidet mir nicht die Zunge ab.«

Der Edle schnitt ihm die Zunge ab – und sass weiterhin nach den Ratssitzungen mit ihm zusammen und erzählte ihm von den Geheimnissen des Stammes.

6

Nachdem sein Herr ihm die Zunge abgeschnitten hatte, veränderte sich der Sklave. Doch sein Herr, nach dem Verlust seines schecken Gefährten, füllte ihm weiterhin die Ohren mit den fürchterlichsten Geheimnissen. Ja, er ergänzte die Geheimnisse aus dem Rat mit solchen, die von anderen Stämmen kamen, und solchen, die er selbst erfand. Dabei beobachtete er den Glanz, der von den Augen des Sklaven Besitz ergriff, bemerkte das Zittern an seinem Körper und seinen Händen und hörte die unartikulierten Laute, die er ausstiess, wenn er nach der abendlichen Sitzung das Zelt verliess.

Kurz darauf erschien Bûbu nicht mehr. Er suchte ihn in seinem Zelt und fand ihn, gegen den Zeltpfosten gelehnt. Er glotzte mit leeren Augen und weit aufgerissenem Mund ins Leere, umkreist von Fliegenschwärmen. Sie schienen seinen Lippen ein Geheimnis entreissen zu wollen, das seine verlorene Zunge nicht mehr preisgeben konnte. Und selbst als er ihn auf die Erde legte und die Hirten rief, damit sie sein Leichentuch vorbereiteten, klafften die Kiefer noch auseinander. Der zungenlose Mund blieb geöffnet.

Thun, 1993

Die Ginsterstaude

1

Der Wind kommt auf, der Kibli erhebt sich, der Südwind. Weht stürmisch heran. Und er berührt die Ginsterstaude. Unruhig, schamhaft erst wie eine Jungfrau neigt sie sich ängstlich hin und her, vorsichtig dem heissen Hauch entgegen. Dann folgt der Rausch. Die Ekstase gewinnt Macht über sie. Ein geheimnisvoller Dämon erwacht in ihr. Sie jammert, klagt, wälzt sich im Staub des Wadis und durchfurcht die Erde mit den weissblütigen Flechten ihres Haars. Sie drängt sich dem Boten, dem Wind, entgegen, dürstend wie eine Maid im Tanz mit dem geheimnisvollen Gott, sehnsüchtig wie eine Jungfrau, wahnsinnig wie eine liebende Dschinnin. Die Klage wird zur herzzerreissenden Weise, und wie sich die Melodie vollendet, gewinnt die Weise die Form eines tieftraurigen Liedes.

2

Die Weise wird klarer, die Melodie findet den Einklang mit dem Hauch des Südwindgesangs. Das Schluchzen geht zurück, das Jammern verebbt. Die Ginsterstaude lässt ab von ihrem Wahnsinn. Aber der Schmerz klingt nach und bemächtigt sich des Liedes. Die Bäume im Wadi lauschen. Sie nehmen die Frage auf, erkennen die Sehnsucht, verstehen das Flehen, begreifen die Botschaft, verborgen im Lied. Sie summte die Weise, sang wieder und wieder das Lied. Doch den Bäumen fehlte der Mut der Ginsterstaude, und so trugen sie dem Wind nicht ihr geheimes Vermächtnis an den unbekannten Geliebten auf.

3

Der Wind ging, der Südwind zog vorbei, die Ginsterstaude aber liess nicht ab vom Gesang. Sie neigte sich hin und her, erschöpft zog sie über die versengte Erde ihre Zöpfe, verziert mit kleinen, reinen Blüten. Tautropfen gleich, liess sie die Zöpfe über ihre grazile Gestalt herabfallen und … sang. Dem Mund der Stille entriss sie die Weise wie zuvor die Botschaft des Geliebten dem Munde des Windes. Widerspenstige Klänge webte sie zusammen zu trister, trauriger Hymne. Doch der Wind war gegangen, und kein Bote blieb, mit der Botschaft zum Geliebten zu fliegen.

4

Lange sang sie, weinte lang. Doch es kam der Tag, da das Leben sie rief, und sie hob das Haupt. Sie raffte die blütengeschmückten Flechten zusammen und sah zum erstenmal den Berg – hoch, stolz, dem Himmel nahe. Das gefiel ihr. Prächtig war er und dem Himmel nahe. Warum sollte sie nicht sein Geheimnis ergründen, sehen, was der dämonische Berg sieht?

Gegen das Gesetz der Wüste erhob sich die Ginsterstaude, stand auf gegen die Tiefe, kroch hinaus aus dem Wadi und kletterte unter Schmerzen den Berghang empor. Steine stellten sich ihr mit Klauen wie Bestien entgegen. Doch sie blieb unverzagt. Die Erde sagte sich los von ihr und entzog ihr das Nass. Sie widerstand dem Durst, trotzte seinem Dämon. Als der heisse Südwind über sie hinwegfegte, sang sie ihm das Lied vom Schmerz. Da liess er ab, sie zu bekämpfen, und ihr voran erklomm er den Gipfel. Ihre Unverzagtheit weckte seine Bewunderung, und er bereitete ihr hoch oben ein weiches Lager, gewebt aus Körnern von Sand. Sie tat es der Akazie gleich, sagte sich los von der Tiefe und hob das Haupt. Sie hob ihr Haupt, überwand die Ängstlichkeit und richtete sich auf. Sie reckte sich, reckte sich hoch und immer höher, bis sie in der Weite des Himmels verschwand. Sie erfasste das Geheimnis, erfuhr, warum der Berg ehrfurchtgebietend, stolz und prächtig erschien.

Mit den Flechten ihres Haares spielte sie eine Weise und sang ihr altes Lied. Der Himmel wurde noch blauer, und der Berg erhob sich noch einmal so hoch. Und während die Ginsterstaude sang, hob sich der Berg zum Klang ihres Liedes. Und je mehr der Berg sich erhob, desto blauer wurde der Himmel, desto prächtiger und desto weiter.

5

Menschen zogen vorbei, Karawanen. Weltentsager kamen und Fromme, Sucher auch nach der verschwundenen Oase. Sie liessen sich in den Wadis nieder, hoben das Haupt gen Himmel, Eingebung erflehend. Auf dem Gipfel des Berges sahen sie eine einzelne Ginsterstaude, gross wie der Berg, stolz wie der Berg, Nachbar des Himmels wie der Berg. Sie erklommen den Berg, um ihren Schatten zu suchen, betasteten ihre hochaufragende Gestalt, pflückten ihre Blüten, um daraus Wohlgerüche zu erzeugen. Sie strichen über ihre Zöpfe und weinten lange.

So wurde die einsame, einzelne Staude zum Baum, der sich da am Scheitel des nackten Berges festkrallt, wurde zur Wegmarke für Karawanen, zum Weiheraum, dem die Stämme Opfer schlachten, zum Heiligen, dem sie Gelübde leisten.

Thun, 1993

Das Gold auf dem Berg

Der Schweiz gewidmet

Der Schatz ist die Seele dessen,
der am Hienieden hängt.
Die Seele ist der Schatz dessen,
der dem Hienieden entsagt.

1

Die Wüste ist ein immenser Kontinent. In seinem Herzen wohnt die Oase. In ihrem Herzen erhebt sich der Berg. Der Gipfel des Berges beherbergt die Höhle. In dieser hauste zu Zeiten, an die sich kein Oasenbewohner mehr erinnert, ein alter Eremit. Er war gross, hager, gebrechlich. Hände und Wangen waren von einem Geflecht aus Falten durchzogen, die dem Bast der Wüstenbäume glichen. Er war ein wandelndes Skelett aus fragilen Knochen wie eines jener Gespenster, die bei Nacht durch die Oase geistern, wenn der Mond sich vollendet und rund und hoch am Himmel steht und die jungen Mädchen ihm bei ihren Festen ihre sehnsuchtsvollen Lieder singen. Die Kehlen der Mädchen widmen ihre Gedichte ausschliesslich dem faszinierenden, reinen, himmlischen Gott, der da über dem Gipfel des Berges schwebt, und sie nehmen bei ihrem Gesang keine Notiz von dem hageren Gespenst, das einsam um ihren Kreis schleicht, in seinem Herzen das Geheimnis der Zeit. Und niemandem wäre es in den Sinn gekommen, dass der göttliche Planet, an den die Mädchen ihre sehnsuchtsumhüllten Gesänge richten, der Oase sein prächtiges Licht nur schenkt, um sich dem hageren Gespenst gefällig zu zeigen, dass er hinter den Schleiern nur hervortritt, um den alten Mann ein geheimnisvolles Lied hören zu lassen, das mit den Worten »Für das Herz Gottes ist Platz nur im hageren Körper« beginnt.

2

Nun machen in allen Oasen und zu allen Zeiten irgendwann einmal böse Menschen von sich reden. Auch hier liessen sie ihren Zungen freien Lauf und setzten ein Gerücht in Umlauf, von dem die Verständigen nie geglaubt hätten, dass es das Leben der Oase völlig auf den Kopf stellen würde. Der hagere Alte sei eine zwielichtige Kreatur, wurde getuschelt und gemunkelt. In der Höhle verstecke er einen Schatz, im Herzen trage er ein Geheimnis. Ja, das eigentliche Geheimnis, das er in seinem Herzen trage, sei das Gold, das er in seiner Behausung versteckt halte. Wie sonst hätte er so lange Zeit in der Oase leben können, ohne seinen Lebensunterhalt zu verdienen, ohne einen Acker zu bestellen, Handel zu treiben oder um milde Gaben zu bitten?

Anfangs missbilligten die Verständigen das Gerede. Aber wenn dergleichen erst einmal im Umlauf ist, wird es stärker als der Verstand, stärker als die Macht der Verständigen. Das Geflüster kroch in die Brust der Leute, und sie stellten sich schon Haufen von Gold in der geheimnisvollen Höhle vor. Argwohn regte sich, und dieser weckte vergessene Begehrlichkeiten. In den Seelen erwachte der Dämon der Gier, Unruhe schlich sich ein, und der Verstand beging in den Seelen Selbstmord. Die Verständigen begannen dem Gerede Glauben zu schenken, und eines Tages überliessen sie dem Pöbel die Zügel.

Da übernahm der Dämon der Gier. Er führte den Plebs zu einem Angriff, um sich des Berges zu bemächtigen. Die Menge brach in die Höhle ein. Doch Goldschätze fand man nicht.

3

Die Menge gab nicht klein bei. Sie unterzog die hagere Gestalt einer Befragung, in der Hoffnung, der Mann werde ihnen den Weg zu dem verborgenen Schatz weisen. Als es ihnen jedoch nicht gelang, der Zunge des elenden Alten ein Bekenntnis zu entlocken, setzten sie ihn so schrecklichen Folterqualen aus, wie sie die Oase noch nie in ihrer Geschichte erlebt hatte. Sie entkleideten den Mann vollständig und peitschten ihn so fürchterlich aus, dass selbst die Peitschen sich aus Abscheu auflösten. Danach liessen sie ihn nackt in der heissen Mittagssonne liegen. Aber auch die Sonne missbilligte dieses Tun. Sie verkroch sich hinter dichten Wolken, und diese gossen über den Körper so reichlichen Regen, wie er in der Oase noch nie gefallen war. Daraufhin änderten die Schurken ihr Vorgehen. Sie stachen mit Messerklingen auf ihn ein. Doch auch diese wurden weich und verwandelten sich in Lederriemen aus Kamelhaut. Das erboste die Masse noch mehr, und die Leute behaupteten, der Elende sei ein gemeiner Zauberer, ja, er stamme von den Dschinnen ab, und wirklich bestrafen könne man ihn nur, indem man ihn lebendig begrabe.

Eines Abends begruben sie das hagere Gespenst. Doch als sie am folgenden Tag zum Grab zurückkamen, um nachzuschauen, war er nicht mehr darin.

4

Danach haben sie ihn nicht mehr gesehen. Das Gespenst war für immer aus der Oase geflohen. Doch die Menge hat die Hoffnung nicht aufgegeben. Man suchte weiter nach dem Schatz. Durchpflügte den ganzen Berg, bewegte die Felsen, verschob die Steine, zerstörte die Höhle und hielt mit dem Wahnsinn erst inne, als sich ein schrecklicher Schrei in den Lüften erhob, ein Schrei, der das Versiegen der Quelle verkündete, die seit Urzeiten vom Gipfel des Berges sprudelte und die Oase nährte.

Die Verständigen wollten es nicht glauben. Sie strömten zusammen und mussten feststellen, dass die Quelle wirklich in ihren letzten Zügen lag. Nur ein paar Tage später versiegte sie endgültig. Danach trockneten die Brunnen auf den Feldern aus, die von der Quelle gespeist worden waren. Die Saat starb, das Vieh verendete, und es währte nicht lange, bis auch die Menschen zugrunde gingen.

5

Am Himmel verzog sich der Mond hinter einen Schleier. Er trauerte über seinen alten Geliebten. Die sehnsuchtsvollen Lieder in der Brust der Mädchen erstarben auf immer. Die ewige Wüste kroch heran und bemächtigte sich der vertrockneten Erde, um das alte Vermächtnis zu verwirklichen. Und so blieb von der einst prächtigen Oase nichts als die Mythen der Wanderer und der Reisenden.

Thun, 2001

Von einem, der auszog, die Oase zu suchen

Und siehe! Da ist etwas, was die Hochmütigen nicht heranlässt und sich auch den Kleinen nicht enthüllt, sondern nieder ist fürs Eingehen, beim Vorangehen erhaben wird und sich ins Geheimnis schleiert; und ich, wie ich damals war, hätte nicht vermocht, hineinzugelangen oder den Nacken zu beugen, um in der Sache voranzukommen.
Augustinus, *Bekenntnisse.* Drittes Buch, 5,9

1

Der Priester des Stammes prophezeite ihm ein elendes Leben. Er hatte in den Schicksalsbüchern gelesen, er sei ausersehen, sich den Karawanen jener ewigen Reisenden anzuschliessen, denen bestimmt ist, ihr Leben die Wüste durchwandernd zu verbringen auf der Suche nach der unmöglichen Oase, von der seit Menschengedenken erzählt wird, glückselig könne nie werden, wer in Liebe zu ihr entbrenne, denn das Wunderbare an ihr sei, dass sie, die Geheimnisvoll-Verborgene, nur betritt, wer wiedergeboren wird.

Der Weissagung ging ein Fieber voraus, jenes rätselhafte Fieber, dessen Geheimnis sogar den Priestern unergründlich ist und das schon immer die Narren, die Liebenden, die Ekstatiker und diejenigen befallen hat, die Horizonte hinter allen Horizonten suchen.

Ein Fieber erfasste ihn, von den Mystikern Fieber der Heilung von jener Krankheit genannt, die da »Welt« heisst. Die Verwandten gaben die Hoffnung auf, die Eltern befürchteten das Schlimmste, und die Medizinmänner zogen sich aus dem Zelt zurück. Dann war es an denen, die die Prophezeiungen kennen.

»Die Krankheit, die den Körper sterben lässt«, sagte der Priester, »lässt den Geist leben, und der Mensch, den die

Krankheit nicht zu seiner Ruhestatt unter den Steinen des Grabheiligtums geführt hat, den wird sie sicher an einen viel weiter entfernten Ort führen. Denn die Krankheit ist in diesem Fall keine wirkliche Krankheit, sondern eine himmlische Botschaft.«

Das Fieber entfloh aus dem Körper und entzündete in der Seele das Feuer der Sehnsucht. Der Kranke sprang auf, doch sein Blick war in weite Ferne gerichtet. Die Leute kannten ihn nicht mehr, selbst die nächsten Verwandten; denn dieser Blick verriet ihnen, dass ihr Junge ein anderer geworden war, und dieser musste aufbrechen, ein anderes Schicksal zu suchen, in einem anderen Land.

2

Das erleuchtete Flüstern auf der Zunge des Priesters sprach ihm von Schrecklichem und erzählte ihm lange von dem Talisman, mit dem die Gewitzten Schätze wie die der Heimat zurückgewinnen. Das heilige Flüstern sprach ihm von der Notwendigkeit, den Schätzen der Welt zu entsagen, um die Schätze der verlorenen Oase zu finden. Askese sei für die Reise die erste Bedingung.

So gürtete er sich mit Askese, nahm die Religion der Entsagung an, bevor er seinen Fuss auf den Weg setzte. Da wandelte sich alles, der Raum verschwand vom Raum, die Zeit stand still, und gestern, heute, morgen wurden zu einem einzigen festen, ewigen Tag, denn die Zeit des Geistes war gekommen, und die Wehen der wahren Geburt setzten ein.

3

Der Priester war ihm Wegweiser und Hilfe angesichts des Schrecklichen. Die Stimme der Weissagung rief ihm den Bund ins Gedächtnis und legte ihm das Amulett ans Herz. Schliesslich kam er auf seiner Reise in ein Land, das anders war als jedes andere, bewohnt von Menschen, die anders waren als alle anderen, in deren Behausungen Gesetze galten, die sich von allen anderen unterschieden. Er betrat ein Land, das zwischen Himmel und Erde schwebte, das sich Berge hinaufzog, deren Gipfel hinter den Wolken verborgen waren. Ein Land ganz für sich, das sich gen Himmel reckte, begierig, seinen alten Platz dort zurückzugewinnen.

In diesem hehren, asketischen, abgeschiedenen Land fand er ein Volk vor, das sich die Merkmale und Charakteristika seiner Heimat zu eigen gemacht hatte. Der Ankömmling brauchte einige Zeit, bis er fassen konnte, welch grosse Liebe die Leute dort dem Prinzip der Freiheit entgegenbrachten, welch tiefen Respekt sie für die Natur hegten. Toleranz war ihre Zierde, und sie besassen eine alte Tradition, mit grossem Eifer Fremde willkommen zu heissen und Schwachen, Unterdrückten und anderen Personen Schutz zu gewähren, die vor der Gewalttätigkeit der Hochmütigen, der Unterdrücker, der Tyrannen auf der Flucht waren. Er erfuhr das Geheimnis, begriff, dass die verlorene Oase den Heimgesuchten nur dann zur Heimat werden kann, wenn sie ganz für sich ist, wenn sie sich verbirgt und sich den Blicken anderer entzieht. Die Stimme der Weissagung erhöhte noch seine Gewissheit, als sie vom Geheimnis der unbekannten Heimat sprach und versicherte, er habe den Weg zu einer Oase gefunden, die, der Wüste entflohen, ganz für sich allein sei, doch das nicht aus Abscheu gegen die Wüste oder deren Bewohner, sondern aus Liebe zur Wüste, aus Barmherzigkeit für deren Bewohner und im Einklang mit dem Gesetz, das da sagt: Von den Menschen zieht sich nur zurück, wer die Menschen liebt, und Zuflucht suchen Menschen nur bei jemand, der sich von den Menschen fernhält, und nützlich wird den Menschen nur, wer in Sicherheit ist vor ihrem bösen Tun.

Doch da war plötzlich die strenge Stimme mit einem strengen Wort. Die Reise, so tönte die Weissagung, sei noch nicht beendet, vielmehr beginne sie erst. Denn der Wanderer, der die Wüste durchquert, muss auch die hehre Oase hinter sich lassen, wenn er die wahre Heimat erreichen will, jene Heimat, die keine Landesgrenzen umschliessen und die doch dem Wanderer näher ist als alle Länder: den Geist.

Thun, 1998

Aphorismen

Die Wüste – die Heimat Gottes.

Die Wüste – die Oase der Ewigkeit.

Die Wüste – Heimat der Seele und dem Körper Exil.

Die Wüste – ein Haus mit Wänden aus Nichts.

Die Wüste ist ein Paradies, sein Wasser die Freiheit.

Hätte die Wüste nicht das Wasser verloren, wäre die Freiheit nicht ihr Wasser geworden.

Die Wüste – ein Paradies aus Nichts.

Wem die Wüste Heimat ist, dem wird das Nichts zum Haus.

Die Schönheit der Wüste ist eine metaphysische.

Die Wüste ist eine Heimat, die an die Ewigkeit reicht.

Wir gehen in die Wüste, um unseren Durst nach Freiheit zu stillen.

Wäre die Wüste dem Körper kein verlorenes Paradies, wäre sie der Seele kein lebendiges.

Die Wüste ist, wie das Meer, Wüste durch ihre verborgene, nicht ihre offenbare Dimension.

Die Faszination der Wüste hat ihren Ursprung in der Faszination der Ewigkeit.

Die Wüste ist ein Paradies, nicht wegen des Wassers, sondern wegen der Freiheit.

Die Wüste reinigt ihren Körper mit ihren Sonnen, ihre Seele mit der Einsamkeit.

In der Wüste sterben wir, da uns das Wasser fehlt, aber wir schlürfen von der Freiheit.

Wer die Wüste liebt, ist Gefangener der Freiheit.

Die Welt tötet uns durch Betriebsamkeit, die Wüste belebt uns durch Stille.

Das Leben ist, durch das Fehlen der Freiheit, Wüste. Die Wüste ist, durch den Besitz der Freiheit, Leben.

Wie elend ist ein Geschlecht, dem die Wüste Heimat ist: Es geniesst nicht das Leben in den Gefilden der Heimat, und es kann auch nicht fern davon leben.

Nachwort

Seine Wüste als Heimat und Metapher

Dem konventionellen Denken über die Wüste sind Oasen Paradiese. Das Paradies des Ibrahim al-Koni sieht anders aus. Ihm ist die Wüste Paradies, »Oase der Ewigkeit«, »ein Haus mit Wänden aus Nichts«, »dem Körper ein verlorenes, der Seele ein lebendiges Paradies«, »ein Paradies aus Nichts«. So betritt man in Begleitung des Tuaregschriftstellers die Wüste nicht einfach als ein vegetationsloses oder sehr vegetationsarmes Gebiet mit vielleicht da und dort etwas Wasser und sicher überall Geröll, Kies, Sand, Staub. Neben Ibrahim al-Koni betritt man mit der Wüste ein Reich der Symbole oder, noch weiter gefasst, einen Raum, in dem alles Symbol ist, in dem an jedem Ding ein Mythos hängt. Jedes Pflänzchen und jede Pflanze, jedes Tierchen und jedes Tier, jedes Sandkorn und jeder Fels weisen hier über sich hinaus. Selbst die Steine sind nicht bedeutungs-, denn das hiesse mythoslos, auch die sich verschiebenden Sandhügel nicht, und natürlich auch nicht die Weite und die Leere.

Ibrahim al-Koni beschreibt in der Wüste, für die er allemal zehn verschiedene Wörter zur Verfügung hat, das Leben der Tuareg, jenes ein bis anderthalb Millionen Personen umfassenden Berbervolkes in der westlichen Zentralsahara und der daran im Süden angrenzenden Sahelzone, von Twat bis zum Tschadsee, von Timbuktu bis nach Gadames. Es ist ein Volk, aufgeteilt wie die Kurden durch Ziehung von Nationalstaatsgrenzen auf verschiedene Länder, dessen grösster Teil, je etwa eine halbe Million, heute in Mali und in Niger wohnt.

Diesem Volk gehört Ibrahim al-Koni an. 1948 ist er in einer Oase in der Nähe von Gadames am Rande der Roten Hammâda geboren. Das Umherziehen mit Tieren und das Leben im Zelt ist ihm Kindheitserinnerung, die Region dort im Südwesten Libyens ist ihm Kindheitsraum, ein Raum, den er etwa zwanzigjährig verliess, um nach Moskau zu gehen, wo er Literatur studierte und dann arbeitete, bis er 1993 in die Schweiz kam.

Doch die Wüste und ihre Bewohner, die Tuareg, haben ihn nicht losgelassen. In seinen Werken beschreibt er ihr Leben. Oder sollte man besser sagen, ihr Erbe? Jawohl, ihr Erbe! Wenn sein literarisches Werk einst abgeschlossen und durch Übersetzung bekannt geworden sei, davon gibt er sich überzeugt, würden die lebendige Kultur und die Lebensweise der Tuareg verschwunden sein. Und jemand müsse das festhalten, was hier als Teil der Menschheitsgeschichte ein Volk gelebt, gedacht, geträumt habe.

Ein Grossteil dieses Lebens ist Vergangenheit. Das Verschwinden der traditionellen Kultur kündigt sich an, ist schon weit fortgeschritten. Langsam hält der Tourismus Einzug, nicht zuletzt genährt von Wüstenhungrigen aus Deutschland und aus der Schweiz.

Das Nomadenzelt mit allem, was dazu gehört, ist für uns in der Kleinstadt Ubari im Hof eines Verwandten von Ibrahim al-Koni aufgestellt. Das meiste aus Leder, »verziert von den zarten Fingern der jungen Mädchen in Twat«, wie es so oft in den Romanen heisst. Die Kissen, »gestopft mit Stroh und gezettelter Wolle«. Am Zeltpfosten baumelnd die Schwerter, »in deren lederbezogenen Griff geheimnisvolle Zeichen eingeritzt sind«, auch Amulette und Talismane, überall die Dreiecke der Göttin Tanit und da und dort geheimnisvolle Zeichen in Tifinâgh, der Schrift der Ahnen, die die alten Männer, wenn sie zusammensitzen, vor sich in den Sand kritzeln.

Die Tierwelt besichtigen wir in einem kleinen Gehege auf der Farm eines anderen Verwandten des Autors. Dort, in einer gemauerten Umfriedung, leben sie friedlich und still beieinander, die Gazelle und der Mufflon, beides Tiere, die einst die Weiten der Wüste bevölkerten: Die Gazelle, das Tier der Ebene, scheu und feingliedrig, in den oft tränenfeuchten Augen ein tieftrauriger Blick, mit dem sie die Menschen in ihren Bann zieht und sie mit Zeichen auf das Leid des Lebens verweist. Der Mufflon, das Tier der Berge, vorne breitschultrig und hinten schmaler werdend, mit mächtigen, geschwungenen Hörnern, ein Tier, in das nicht selten verschwundene Menschen eingehen, sichtbar auch hier im Blick, mit dem sie von ihrem Schicksal erzählen.

In einem separaten Kasten wird schliesslich eine Schlange gehalten, jener jüdisch-christlich-islamische Urfeind des Menschen, immer bereit, ihn zu verführen, zu betrügen oder gar zu töten, die Schlange, die erst wirklich unschädlich und ungefährlich ist, wenn ihr der Kopf vom Leib getrennt wurde.

Draussen, am Rande der Wüste, wird der Kameltanz, die Darbietung zum »Fest«, eigentlich etwas intim Familiäres, nichts für Fremde, extra für uns aufgeführt, von Personen, die irgendwo »in der Nähe« wohnen und diese Zeremonie auf den grazilen Dromedaren sonst allemal nur zu Verlobungs- und ähnlichen Feiern durchführen: Eine Gruppe von Frauen hockt beisammen, singend und auf Trommeln und dem einsaitigen Imsâd musizierend. Zu ihrem Rhythmus schreiten die fünf Kamele mit ihren Reitern ihre vorgeschriebenen Bahnen ab.

Eine mächtige Bergformation ist der eigentliche Ausgangspunkt unserer Wüstenfahrt. Es ist der Îdenan, ein trutziges Massiv, das sich einst, so der Mythos, vom Akakûs-Gebirge gelöst habe, durch die Wüste geirrt sei und sich nun hoch aus der sandig-steinigen Ebene erhebt. Südlich davon, flacher, steht sein Gefährte, und in der Ebene zwischen den beiden spielt Ibrahim al-Konis Hauptwerk, *Die Magier,* das Epos der Tuareg. Der Îdenan hat den Dschinnen Heimstatt gewährt, jenen im Koran erwähnten, von Gott zeitlich vor den Menschen geschaffenen Wesen aus rauchloser Flamme, die den Menschen unter wechselnder Gestalt erscheinen. Als Gegenleistung für die Gewährung einer Heimstätte beschützen die Dschinnen den Berg vor dem Südwind; denn ohne diesen Schutz würde es dem Îdenan ergehen wie seinem südlichen Gefährten, dessen Felsaufbauten längst von Wind und Sand flachgerieben sind.

Die Nacht, klirrend kalte Wüstenwinternacht, am Feuer im Schatten dieses »Besessenen Berges«. Die Dschinnen lassen sich nicht vernehmen. Dafür ein älterer Mann, der, begleitet von einer Frau auf dem Imsâd, alte Lieder singt. Ein anderer bietet dazu jenen Tee an, grün und süss, der, nach festen Regeln durch dauerndes Hin- und Hergiessen von einem Behälter in den anderen, mit einer kräftigen Schaumkrone in kleinen Gläsern serviert wird. Uralte abendliche Gastgeberrituale.

Zweimal vierundzwanzig Stunden sehen wir danach keine andere Menschenseele als die Männer unserer kleinen Gruppe und kein anderes Gefährt als unsere beiden Landrover. Diese verschlingen Kilometer um Kilometer. Wüste wechselt mit Wüste, denn Wüste ist nicht gleich Wüste. Die zehn verschiedenen Wörter dafür haben einen Sinn, einen je eigenen. Derjenige vom Leer- und Freisein, von der -losigkeit ist der häufigste: weglos, pflanzenlos, schattenlos, etwaslos. Steine sind immer da, oder Sand, als Ebene oder als Berg. Und solange Berge da sind, kann sich das Auge erholen. Es stösst an Grenzen, an Barrieren, wechselnde, kann etwas hinter der nächsten Bergnase erwarten. Einen Baum vielleicht, eine weitere Bergnase oder ein Wadi mit immensen aufragenden Felswänden, die langsam von der Zeit zerbrochen werden, an ihr zerbrechen. Vorläufig umfangen sie noch einen Einschnitt, auf dessen Grund eine kämpferische Flora existiert, die den Bedingungen ein karges Leben abringt. Dazwischen dünnes Vogelpiepsen und ein paar Esel, die da gemeinsam umherstreifen, um die Nähe eines Brunnens wissend.

An einer Felswand vor einer kleinen Grotte ein paar Zeichnungen, die Verewigung der Ahnen – Menschen mit Lanzen, Gazellen, Löwen, die Fauna von einst.

Und immer mehr Steine, Kies, Staub, Weite. Alles jungfräulich, sagt al-Koni, als ob der Mensch erst gerade geschaffen wäre. Als das Meer verschwand, sagt Ibrahim al-Koni, war das Leben in seinen Anfängen, die Wüste ist Zeuge dieses Vorgangs, und in ihrer vielfältigen Gestalt deutet sie die vielfältigen Möglichkeiten des kommenden Lebens an.

Aus der Stein- und Kieswüste wird Sandwüste. Die Dünen beginnen, aufregend glatt bis oben, bis zum »Sandschwert«, wie Ibrahim al-Koni den scharfgezogenen Grat nennt, den der Wind unablässig verschiebt. Der Sand ist kühl jetzt im Januar, auch fest unter den Füssen, und wenn man flach über ihn hinwegschaut, liegt ein feiner grüner Schleier darüber. Das Wunder der Wüste, sagt Ibrahim al-Koni. Da ist nichts, und plötzlich brechen kleine Pflänzchen hervor. Und wenn es erst einmal regnet, dann blüht und grünt es hier aus dem Nichts.

Doch es regnet wenig. Das Wadi am Nordostrand der Roten Hammâda, das für Ibrahim al-Koni und seine Brüder einst Kindheitsparadies war, mit Regen im Herbst und im Winter und üppiger Vegetation im Frühjahr – genug für viele Tiere, wilde und zahme –, dieses Wadi zeigt Spuren des Durstes. Struppig dürres Gebüsch, ein trister Brunnen und weit und breit weder Mensch noch Tier.

Ein paar Kilometer weiter die Oase, in der der Autor geboren ist. Sie existiert noch. Wasser, Palmen, Enten. Neue Betonhäuser. Doch der alte Dorfkern ist verlassen und befindet sich im Zustand fortgeschrittenen Verfalls, die Lehmhäuser zerbröckelt, die Palmstämme geborsten. Das Ganze soll, als nationales Monument, restauriert werden, sagt eine Tafel. Von hier sind es 600 Kilometer nach Tripolis. Asphaltstrasse.

Hartmut Fähndrich

PS. Zur Erleichterung der Aussprache arabischer Namen wurden in der Übersetzung betonte lange Silben mit einem Zirkumflex (ˆ) versehen.

Quellenhinweise

»Meine Wüste als Heimat und Metapher« *(Ṣaḥrâ'î watan – ṣaḥrâ'î isti'âra);* erschienen in Ibrahim al-Koni: *Ṣaḥrâ'î al-kubrâ.* Texte. Beirut, 1998, 5–14; auf deutsch erschienen in: *Zeitschrift für KulturAustausch* 3, 1996, 56–60.

»Die Reise der Fluten« (arab. Orig. ohne Titel): erschienen in Ibrahim al-Koni: *an-Nâmûs.* Texte. Beirut, 1998, 129.

»Gespräch über die Elemente des Universums« *(al-Ḥiwâr bi-manṭiq al-'anâṣir al-kaunîya);* erschienen in Ibrahim al-Koni: *Dîwân an-naṯr al-barrî.* Erzählungen. Limassol, 1991, 239–244: auf deutsch erschienen in *Andere Länder – andere Zeiten.* Zeit-Geschichten aus aller Welt. Herausgegeben von Wolfgang Binder, Hartmut Fähndrich u.a. München, 1997, 273–276.

»Der Berg« *(al-Ǧabal);* erschienen in Ibrahim al-Koni: *Ḫarîf ad-darwîš.* Erzählungen. Beirut, 1994, 95–106.

»Die Heimat« *(al-Waṭan);* erschienen in Ibrahim al-Koni: *Ḫarîf ad-darwîš.* Erzählungen. Beirut, 1994, 41–49.

»Die Schlange« *(al-Ḥayya);* erschienen in Ibrahim al-Koni: *Ḫarîf ad-darwîš.* Erzählungen. Beirut, 1994, 63–82.

»Die Frau« *(al-Ḥasnâ');* erschienen in Ibrahim al-Koni: *Ḫarîf ad-darwîš.* Erzählungen. Beirut, 1994, 108–119.

»Der Jungfrau Gelübde« *(Naḏr al-batûl);* erschienen in Ibrahim al-Koni: *al-Qafaṣ.* Erzählungen. London, 1990, 19–49.

»Der Herbst des Derwischs« *(Ḫarîf ad-darwîš);* erschienen in Ibrahim al-Koni: *Ḫarîf ad-darwîš.* Erzählungen. Beirut, 1994, 5–26.

»Die Geburtsstätte himmlischer Gesichte« *(Waṭan ar-ru'â as-samawîya);* erschienen in Ibrahim al-Koni: *Dîwân an-naṯr al-barrî.* Erzählungen. Limassol, 1991, 1994, 5–38.

»Vom nicht heimgekehrten Heimkehrer« *(Aḫbâr al-'â'id allaḏî lam ya'ud);* erschienen in Ibrahim al-Koni: *Ḫarîf ad-darwîš.* Erzählungen. Beirut, 1994, 83–93; auf deutsch erschienen in *Küsse und eilige Rosen.* Die fremdsprachige Schweizer Literatur. Ein Lesebuch. Herausgegeben von Chudi Bürgi, Anita Müller und Christine Tresch. Zürich, 1998, 217–223.

»Die Zunge« *(al-Lisân);* erschienen in Ibrahim al-Koni: *Ḫarîf ad-darwîš.* Erzählungen. Beirut, 1994, 121–132; auf deutsch erschienen in *Auf Besuch.* Geschichten aus der arabischen Welt. Herausgegeben von Hartmut Fähndrich. Basel, 2004, 13–23.

»Die Ginsterstaude« *(Ḫurûǧ);* erschienen in Ibrahim al-Koni: *Ḫarîf ad-darwîš.* Erzählungen. Beirut, 1994, 27–32.

»Das Gold auf dem Berg« *(Usṭûrat ḥubb ilâ swîsrâ);* erschienen in Ibrahim al-Koni: *Usṭûrat ḥubb ilâ swîsrâ. Ra's al-ḥikma.* Beirut, 2003, 3–9.

»Von einem, der auszog, die Oase zu suchen« *(Usṭûra ṣaḥrâwîya);* unveröffentlicht.

»Aphorismen«: verschiedenen Sammlungen entnommen; die meisten davon sind auf deutsch erschienen in: Ibrahim al-Koni: *Schlafloses Auge.* Aphorismen aus der Sahara. Ausgewählt und aus dem Arabischen übersetzt von Hartmut Fähndrich. Basel, 2001, 35–46.

»Seine Wüste als Heimat und Metapher.« Nachwort von H. F.; erschienen in *Kommune* 7, 2001, 56–59.

Alle schon früher publizierten Texte wurden für diesen Band überarbeitet.

Ibrahim al-Koni im Lenos Verlag
Aus dem Arabischen von Hartmut Fähndrich

Ein Haus in der Sehnsucht
Roman aus der Sahara
320 Seiten, gebunden, mit Schutzumschlag
ISBN 978 3 85787 336 2

Goldstaub
Roman aus der Sahara
167 Seiten, broschiert, ISBN 978 3 85787 649 3
Lenos Pocket 49

Die Magier
Das Epos der Tuareg
840 Seiten, broschiert, ISBN 978 3 85787 670 7
Lenos Pocket 70

Nachtkraut
Roman aus der Sahara
203 Seiten, gebunden, mit Schutzumschlag
ISBN 978 3 85787 278 5

Schlafloses Auge
Aphorismen aus der Sahara
144 Seiten, gebunden, mit Schutzumschlag
Mit 32 Fotos von Alain Sèbe und Berny Sèbe
ISBN 978 3 85787 320 1

Die steinerne Herrin
Ergänzende Episoden zum Epos der Tuareg
239 Seiten, gebunden, mit Schutzumschlag
ISBN 978 3 85787 354 6

Die verheissene Stadt
Roman aus der Sahara
234 Seiten, gebunden, mit Schutzumschlag
ISBN 978 3 85787 370 6